ISBN   978-1-326-23561-1

© *2015 di Giuseppe Toto. Tutti i diritti riservati.*

Lulu press

giusy.toto@unifg.it

Giuseppe Toto

L'apprendimento linguistico attraverso un'esperienza grammaticale

L'apprendimento linguistico attraverso un'esperienza grammaticale

INTRODUZIONE

Il presente volume nasce dalle precedenti esperienze di ricerca: *Teoria e prassi didattica delle grammatiche medievali* (2012) e *Apprendere la competenza linguistica nei grammatici tardi* (2012), riviste e riproposte, al fine di proporre un punto di vista completo e organico di quanto precedentemente presentato.

Punto di partenza e di riflessione è stata l'interpretazione negativa delle incursioni germaniche fondata su un pregiudizio culturale radicato nella tradizione romana, secondo il quale l'avvento di dominatori 'altri' (*hostes*) non solo metteva in discussione l'universalità di istituzioni sociali e politiche consolidate, ma creava situazioni di polimorfismo culturale ingestibile per gli intellettuali del tempo[1].

Si tratta di una reazione che la psicologia contemporanea descrive come reazione 'classica' a qualsiasi forma di sopraffazione la resistenza. Tale resistenza, affrontando in questo un pregiudizio culturale, non può

---

1   Cfr. Marazzini 2010: in particolare, il linguista nel secondo paragrafo espone le principali teorie sul fenomeno.

certamente manifestarsi nella forma armata, bensì, considerata la superiorità bellica dei nuovi dominatori, può esprimersi come opposizione ideologica amplificata dall'estremo tentativo di eternare la lingua latina.

Questa sembra, dunque, essere la missione di Donato, Diomede e degli altri grammatici quale traspare nelle loro rigide schematizzazioni contenute nei manuali di cui loro stessi sono i compilatori. Tali rigidità sono in questo progetto culturale funzionali alla divulgazione e alla sopravvivenza di un purismo linguistico che, comunque, non riuscirà a frenare l'inesorabile avanzata delle lingue romanze. Ed è proprio a questa fase di snodo, quando si innesca la 'rivoluzione copernicana' prodotta dal meticciamento linguistico tra latino e volgare, che si ascrive la produzione grammaticale tardoantica oggetto di questo lavoro di ricerca; le mie considerazioni, articolate in tre capitoli, hanno l'obiettivo di comprendere quali meccanismi psicolinguistici sottendono le impalcature grammaticali soggiacenti la manualistica prodotta in epoca tarda.

Il volume affronta: il tema delle origini storiche e delle moderne interpretazioni di una disciplina, quale la grammatica, in origine 'umile', ma destinata a nobilitarsi grazie all'emergere di figure di professionisti della parola che necessitano, tra la fine dell'età classica e il tardoantico, di competenze superiori e sempre più complesse (capitolo 1); l'organizzazione delle strutture compositive delle grammatiche tardoantiche e l'evoluzione storica delle teorie grammaticali[2] (cap. 2); l'esegesi di una testimonianza umanistica (esempio di fortuna del classico) secondo gli

---

2   Faccio riferimento alle teorizzazioni linguistiche di autori classici e tardoantichi quali Varrone, Quintiliano, Donato e Diomede.

schemi e le categorie interpretative utilizzate dai linguisti per lo studio delle grammatiche tardoantiche (cap. 3); e, infine, l'utilizzo di un caso concreto per spiegare l'acquisizione di competenze linguistiche attraverso 'l'esperienza' grammaticale (cap. 4).

Il latino, continuò a mantenere per secoli il suo prestigio nella tradizione scritta in quanto lingua della cultura e la sua sostituzione è il frutto di una lenta gestazione ed evoluzione del volgare. Il volgare emerge nei testi scritti medievali nella forma di errori e volgarismi dovuti all'ignoranza dello scrivente, raggiungendo l'ufficialità solo dieci secoli dopo[3]. Queste grammatiche, pertanto, assumono una funzione emblematica nella storia della lingua e della cultura, in quanto pietre miliari nella costruzione dell'identità culturale italiana.

---

3   Cfr. Marazzini 2009, 8-77.

ANTICHE GRAMMATICHE E MODERNI APPROCCI INTERPRETATIVI

DEFINIZIONE E METODI

Lo studio della Grammatica, come disciplina, è da considerarsi come il meno autoriflessivo tra gli approcci di ricerca possibili, poiché in essa soggetto e oggetto della conoscenza appaiono inevitabilmente in opposizione, analizzabili su piani talvolta speculari. Mentre l'oggetto della conoscenza è la continua ricerca di un modello ideale di comunicazione, scritta o orale, esso è completamente in antitesi rispetto al soggetto in formazione che necessita di un approccio tipologico, maggiormente relazionale e pragmatico poiché è sprovvisto delle competenze previste da questi modelli teorici. Per quest'ordine di ragioni, in ambito grammaticale non si può seguire una metodologia univoca di ricerca, ma è necessario sviluppare analisi specialistiche e su più livelli[4].

Ogni periodo storico è inevitabilmente dominato da modelli epistemologici (tipici e talvolta in contraddizione con i precedenti) che hanno caratterizzato la storia degli studi e ha visto la fioritura di approcci comunicativi e normativi sostanzialmente diversi[5]; ciò significa che ogni speculazione o tesi addotta deve necessariamente fare i conti con questa lente interpretativa che rivaluta le opere grammaticali del Medioevo collocandole nel loro contesto storico-culturale e valuta le teorie di questi autori mediante specifiche categorie argomentative e di contenuto.

---

4   Colson 1917, 35: «*Two other considerations doubtless contributed to foster the conception of 'grammar' as a science by itself. In the first place the bulk of the subject grew immensely, and what in 150 B.C. might very well pass as a mere introduction to the study of literature, had by A.D. 50, or earlier, entirely outgrown such a conception. Seneca indeed seems to suggest that the 'grammaticus' might often find it necessary to confine himself to 'cura sermonis.' In the second place there was a growing feeling that the two subjects differed altogether in nature. The first was capable of being reduced to an ordered system; the second was essentially a mass of disconnected facts. Thus, says Quintilian,' illam methodicen, hanc historicen uocant.' At what date exactly this recognition of 'grammar' as distinct from ' literature' became thoroughly established, it is, I imagine, impossible to say. All we can tell is that it must be dated somewhere between Dionysius Thrax and Quintilian. It may be added that to judge from the discussion of the subject in Sextus Empiricus, the justice of the distinction was not questioned in later times*».

5   Si è, infatti, passati dallo studio della lingua per la formazione del perfetto oratore alle grammatiche medievali, sorte a ridosso di un esigenza latente di conservazione della lingua, alle grammatiche umanistiche, in cui è vivo lo scontro tra l'antica lingua retoricamente costruita in netta opposizione all'ascesa del volgare, fino alle ultime teorie moderne di grammatica come costruzione di senso, significato e identità; per approfondire queste tematiche, cfr. Vainio 2000, 48.

Per ogni autore, di ciascuna epoca storica, è dunque necessario condurre un discorso diverso a seconda dei metodi, degli assunti di base e degli obiettivi che ognuno degli studiosi si prefigge, anche se in parte degli studi ho potuto rilevare, la comparazione e sovrapposizione di momenti, temi e tempi diversi delle analisi determinati dalla ricerca di un criterio di organicità di trattazione. Alla luce di queste premesse (per questa motivazione) il presente lavoro ha dovuto restringere il campo di indagine alle produzioni grammaticali comparse tra il IV e VII secolo d. C., pur non prescindendo dagli antecedenti classici e, al contempo, dai moderni approcci esegetici agli studi grammaticali: questi ultimi si sono rivelati indispensabili strumenti interpretativi, avendo l'obiettivo precipuo di sviluppare un discorso 'filogeneticamente' e 'ontogeneticamente' esaustivo[6].

Lo studio articolato e 'specialistico' della grammatica latina di epoca medievale ha origini relativamente recenti; a partire dagli anni '30 del Novecento studiosi di vari orientamenti disciplinari hanno iniziato ad analizzare questi

---

6   Cfr. Copeland-Sluiter 2009, 1: «*The texts brought together in this book represent the contributions of the arts of grammar and rhetoric to literary theory over the course of the Middle Ages, from late Latin antiquity to the fifteenth century. Grammar and rhetoric, the language disciplines, formed the basis of any medieval education, no matter what future career a student would want to pursue. However, given the importance of literature as the subject matter of the ars grammatica and the emphasis on literary form and structure in ancient rhetoric, these were also the disciplines that would prepare students for an understanding of literary language and form. It is this specific connection between grammatical and rhetorical theory and theoretical approaches to literature that is the central concern of this book. Whether one was to approach texts from the perspective of a poet or an exegete, whether the texts to be considered were secular or sacred, whether one was to compose a text or teach others how to compose, an education in the principles of grammar and rhetoric was the entryway into literary thought*».

testi a seconda dei differenti percorsi di ricerca e degli interessi di studio[7] piegandoli alle proprie esigenze specialistiche, rimanendo comunque ancora lontani da un approccio sistematico allo studio di questi testi.

Solo a partire dagli anni '90 del secolo scorso si è cominciato ad intendere queste opere quali fonti di una letteratura secondaria e, per questo motivo, strumento esegetico per le grandi opere; d'altra parte è interessante notare come fin dai primi studi emerga il quesito se questo tipo di testi abbia 'valore intrinseco[8]' e quale *raison d'être* avranno gli studi successivi. Le prime risposte, come era facile immaginare, riguarderanno il valore trasmissivo dei testi e la natura meramente filologica di queste testimonianze[9]. I medievisti per lungo tempo avevano riposto 'vane' speranze in queste opere perché credevano di ritrovare in termini grammaticali e di storia della lingua grosse scoperte e aggiunte al latino del periodo classico, poiché ignoravano, cito le parole della Law, che "il latino che questi testi si proposero di insegnare non era quello parlato all'epoca di composizione delle opere, ma riflette

---

7   Cfr. Law 1997, 4: «*From the last third of the nineteenth century on, scholars from a great range of backgrounds – classicists, Medieval Latinists, historians of education and culture, paleographers, specialists in the medieval European vernaculars, librarians and cataloguers – had concerned themselves with grammars and other works on language from the early Middle Ages. Naturally their interests were not those of the historian of linguistics. They asked different questions and found different kinds of answers satisfying*».

8   Questa definizione viene utilizzata già nel 1905 da Roger per etichettare queste opere; successivamente sarà utilizzata da Cervani nei suoi studi del 1979 e da Law nel 1997.

9   In realtà, anche studiosi contemporanei come Dionisotti 1982 e Passalacqua 1993 continuano ad affermare come primario il valore filologico.

---

quello che gli autori leggevano nelle grammatiche pervenute nella Tarda Antichità e negli scritti religiosi[10]".

Il valore intrinseco non è da ricercarsi secondo la Roger, i cui studi rappresentano una pietra miliare dal punto di vista metodologico sia per i testi grammaticali della Tarda Antichità sia per le opere grammaticali successive[11], nel valore letterario che questi testi non hanno, ma nella loro natura intrinseca, appunto, di strumenti fondamentali per inquadrare lo studio della storia della grammatica, dell'insegnamento delle letterature classiche e dell'evoluzione pedagogica che questi manuali assunsero nell'educazione medievale.

Come tutte le produzioni letterarie anche questi manuali grammaticali, appurato oramai il valore intrinseco, sono stati soggetti a numerose categorizzazioni. Cito, fra le innumerevoli voci finora proposte, le parole delle due linguiste spagnole Burghini e Meynet che, nella loro relazione alla giornata internazionale di studi classici e medievali, riassumono e trovano un punto di mediazione fra le varie posizioni dei teorici delle grammatiche[12], fornendo a

---

10   Cfr. Law 1997, 15: «*the Latin that these works purported to teach was non that of their own day, but reflected what their authors found in the grammars of late Antiquity and in their religious reading*», qui e altrove propongo la mia traduzione.

11   Roger 1905 e 1905(b).

12   Le ripartizioni a cui faccio riferimento saranno trattate, in maniera più approfondita, nel capitolo successivo e riguardano la destrutturazione interpretativa delle grammatiche. Qui basti sapere che le parti in cui esse sono divise oscillano da due a cinque a seconda che si inseguano coordinate semantiche sintattiche o lessicali o la divisione di questi manuali in libri o, ancora, l'adesione a certi modelli storici linguistico-grammaticali.

mio avviso, una suddivisione semplificata e coerente di questi testi: *"El* ars grammatica *romana es un texto prescriptivo que consta de tres partes: una dedicada a la fonología* (de uoce), *otra a la morfología* (de partibus orationis) *y una tercera dedicada a los defectos y virtudes del lenguaje* (uitia uirtutesque orationis[13])".

Le *artes grammaticae* sono inquadrabili all'interno di un ben specifico e ben codificato genere letterario, quello dei testi normativi[14]: ciò significa che nella coscienza degli antichi l'apprendimento e la costruzione del sapere dei futuri oratori doveva necessariamente attraversare una fase 'prescrittiva'[15]. Per questa ragione tali *artes* sono il frutto di segmentazione del sapere che ha come effetto la standardizzazione di un modello manualistico articolato in tre sezioni (fonologica, morfologica e la terza dedicata alle virtù e ai difetti del linguaggio definiti *vitia orationis*[16]). Analizzando le architetture interne è possibile evincere che nelle grammatiche esiste una ripetitività strutturale nella composizione e nella fase organizzativa del materiale didattico; schematicamente, dal confronto degli indici delle grammatiche pervenute, è possibile formulare alcune

---

13   Burghini-Meynet 2010, 1.

14   Le opere grammaticali tardoantiche diventano, come tutti i testi classici, nell'Umanesimo modello per i testi grammaticali dal '400 fino alle soglie del '600. Per questa questione e per l'analisi delle strutture dei testi normativi, cfr. Mattarucco 2000.

15   Clarke 1953, 5.

16   Cfr. Burghini-Meynet 2010, 1; secondo queste studiose, questa scelta nasce dal bisogno di voler superare le carenze del linguaggio: «*No se discutía separadamente la sintaxis hasta el siglo VI, con Prisciano, y la única reflexión sintáctica que se esbozaba en estas* artes grammaticae *se encontraba en la tercera parte, al abordar los defectos del lenguaje*». Cfr., inoltre, Copeland-Sluiter 2009.

considerazioni sulle strutture latenti di questi testi. Per sviluppare questo tipo di discorso ho scelto, esemplificativamente e per un'esigenza di completezza metodologica ed esaustività contenutistica, l'indice della *Ars grammatica* di Carisio[17]:

De grammatica

Liber I.

De voce
De litteris
De syllabis
De communibus syllabis
De dictione
De casibus
De generibus nominum
De numeris et pronominibus
De ordinibus seu declinationibus nominum
De observationibus nominum quibus genera et numeri discernuntur
De monoptotis
De nominibus quae, hypocorismata non recipiunt
De nominativis ad regulam redactis
De extremitatibus nominum et diversis quaestionibus
De gradibus comparationis seu conlationis
De analogia
De ablativo casu
De formis casualibus

Liber II

---

17   Molto interessante è il discorso sugli indici e l'esistenza in essi di riprese, codici strutturali da seguire e spostamenti del canovaccio compositivo; su questo argomento cfr., Copeland-Sluiter 2009, 36-44, in cui viene eletto l'indice dell' *Ars minor* di Donato a termine di confronto per tutte le altre architetture testuali successive. Nel mio caso la scelta è ricaduta su Carisio dopo aver confrontato il suo indice con quelli di Donato, Diomede e Prisciano.

Liber III

Liber IV

- De rhytmo et metro

Liber V

- De idiomatibus.

Ebbene, ciò che è rimasto costante nel tempo è la sopravvivenza della regolarità della disposizione strutturale: essa, infatti, è presente nelle quattro maggiori grammatiche pervenuteci dal Medioevo e nelle successive riprese Umanistiche e tardo-Umanistiche. Secondo un'interpretazione condivisa da molti linguisti, la svolta epocale che storicamente viveva il tardo impero non solo ha inciso sulle variazioni repentine della lingua, ma è stato anche l'impulso che nel mondo della scuola si è manifestato con un atteggiamento conservativo e protezionistico da parte dei grammatici, impulso che si può cogliere anche attraverso la schematicità ripetitiva e lo spasmo normativo di questi testi[18].

---

18   Law 1997, 17: «*Palaeographers and other manuscript specialist have*

Siamo, dunque, ben lontani dal modello grammaticale, retorico e pedagogico di Varrone e soprattutto di Quintiliano, che considerava la formazione in un'ottica onnicomprensiva[19]. Questo dato è fondamentale perché lascia trasparire un'altra caratteristica tipologica di queste opere. Accenno solo brevemente alla questione: se a livello di codificazione semiologia questi testi si nutrono delle fonti grammaticali e letterarie precedenti, a livello di obiettivi didattico-pedagogici emerge una crasi nel sistema teorico che vi soggiace[20]. Voglio qui riferirmi alla tradizione didattico greco-latina e, in particolare, alla produzione retorico-grammaticale di Aristotele e Quintiliano[21].

---

approached early medieval grammars with a totally different set of questions in mind from those that we have been considering. For the most part they are not greatly interested in grammars as texts: rather, they have tended to look at them in relation to the codex, the physical object in which they have been transmitted to us».

19   Cfr. Fritz 1949.

20   Ciaffi 2002, 166-167: «Se il soggetto modello della linguistica è senza emozioni, il soggetto modello della psicologia è senza discorso. Da un lato, l'idea del linguaggio che emerge da molti lavori di psicologia sulle emozioni è un'idea lessicologica, statica, che ignora la dimensione indessicale e quella testuale nella costruzione negoziale e intersoggettiva dell'emotività e in generale dell'identità attraverso il discorso... ridotto all'essenziale, il concetto di competenza emotiva rende conto del fatto che ciascun parlante, in una data comunità linguistica, possiede una gamma di abilità comunicative acquisite, convenzionali, affettivo-relazionali, che gli consente di interagire scorrevolmente, di negoziare e risolvere i conflitti interazionali e di perseguire diversi obiettivi nella conversazione. Non solo: essa riguarda anche la nostra capacità, nella comunicazione di cogliere e decifrare gli indizi legati alle emozioni».

21   I paragrafi da cui sono tratte queste considerazioni sono: 2.4 *Plato: Language as a route to reality* (Law 2003, 17), 2.5 *Aristotle: Language in Use* (Law 2003, 23) e 4.5 *Quintilian and the ideal education* (Law 2003, 60).

Entrambi fornivano, oltre a disposizioni normative, un prontuario per il maestro e una serie di pratiche didattiche ed emozionali per l'allievo; entrambe queste componenti scompaiono lasciando spazio solamente ad una serie di norme validate dalla tradizione letteraria e, dunque, le uniche degne della 'nuova' prassi didattica medievale[22].

Tornando a considerare la questione dell'organizzazione degli indici e trascurando i dati statistici, su cui molti studi si soffermano, il tratto più originale di queste grammatiche è la presenza delle tre sezioni fonologica, morfologica e dei *vitia elocutionis* e l'assenza di parti propriamente sintattiche; in realtà, le questioni sintattiche sono pur presenti e traspaiono dalle sezioni finora elencate[23]. A proposito di tale scelta secondo la critica cito le parole di Copeland-Sluiter: «*Our concern is with those arts, grammar and rhetoric, that not only directly taught a knowledge of language and facility of expression, but also incorporated the analysis or production of literary texts into their teaching*[24]»: in definitiva, ci sarebbe una separazione netta fra educazione retorica e grammaticale. A mio avviso, invece, queste grammatiche appaiono fortemente influenzate dalla retorica in senso stretto che ne ha modificato anche l'aspetto compositivo: in queste opere si privilegia, infatti, la fonologia[25], cioè lo

---

22   Löfstedt 1956, 162.

23   Law 1996, 3-5.

24   Copeland-Sluiter 2009, 3.

25   Graffi-Scalise 2003, 86: «In particolare, la fonologia cerca di scoprire: 1) quali sono i fonemi di una data lingua; se cioè a una differenza di suono corrisponde una differenza di significato; 2) come i suoni si combinano insieme; 3) come i suoni si modificano in combinazione».

studio della funzione linguistica dei suoni e, la morfologia[26], ovvero lo studio della struttura interna delle parole, propedeutico alla più complessa fase della composizione e, infine, lo studio dei i difetti del linguaggio, cioè gli errori, non contemplati nelle due parti precedenti, in cui lo studente poteva incorrere e che doveva, pertanto, evitare. Questo presuppone che lo statuto teorico di chi utilizzava questi testi era di piena adesione ad una visione 'retorica' dell'insegnamento, in cui tutte le parti della grammatica sono funzionali alla costruzione di un discorso ben articolato ed organizzato e non già allo sviluppo delle competenze di base del parlante comune.

Per completare il quadro di interpretazioni sulle produzioni tardantiche di cui ci stiamo occupando, risultano interessanti le riflessioni di una delle più grandi linguiste del secolo scorso, Catherine Atherton, che sottolinea lo scollamento tra i grammatici antichi e quelli moderni: secondo la studiosa, infatti, i grammatici antichi erano interessati alla codifica di norme che producono una lingua colta e letteraria[27] piuttosto che a cosa un parlante realmente

---

26   *Ibid.*, 113: «Oggi alla morfologia è affidato un compito più complesso: di dar conto di tutte le conoscenze che un parlante ha delle parole della propria lingua, di dire cioè se una parola è ben formata o meno, se è una parola possibile o non possibile, ecc., a quale categoria lessicale appartiene, come si può combinare con prefissi e suffissi o con altre parole. Ed inoltre, il parlante conosce il genere delle parole, sa come formare forme flesse e a che grado di complessità può giungere una parola complessa...».

27   Atherton 1996, 240: «*The social factors which gave rise to grammar in the ancient west, and brought it to prominence as an integral, if comparatively humble, part of the education of the elite, in themselves tended to turn grammarians' attention away from ordinary usage, especially of the low-born and uneducated. (Kaster has well emphasized the professional's feelings of superiority over the vulgar,*

sappia o a quali siano i problemi di grammatica interiorizzata[28]; lungo una direzione ben diversa da quella perseguita dai linguisti moderni, che dopo la rivoluzione copernicana degli anni '60 innescata dalle scoperte grammaticali di Chomsky e dove le teorie di De Sausurre, hanno indirizzato i loro studi verso questo altro tipo di indirizzo e problematiche. Secondo le opinioni della Kaster[29], opinioni condivise nei suoi scritti dalla Atherton[30], la grammatica nasce in occidente come disciplina 'umile'; successivamente l'affermazione sociale di un'*élite* di 'professionisti della parola' ha portato la grammatica a nobilitarsi e ha, inequivocabilmente, indirizzato gli sforzi dei grammatici verso la creazione di competenze superiori e complesse quali la produzione di opere letterarie raffinate ed originali. Per perseguire tale obiettivo, secondo le nostre studiose, i grammatici disdegnavano un insegnamento rivolto a un volgo ignorante da educare e cercavano a "tutti i livelli la perfezione linguistica" rifuggendo dai difetti della

---

cattle-like masses (1988: 17).) Ordinary usage was itself typically regarded as substandard, as shot through with irregularities and inconsistencies. The primary focus of grammarians' efforts and expertise was the literary canon, its textual correction, exposition, and assessment, at all levels of sophistication and originality».

28   Cfr. Chomsky 1988 e De Seassure 1916.

29   Cfr. Kasper 1980, 217-220.

30   Atherton 1996, 241: «*origins and early history of grammar, particularly of that variety of it which the ancients called 'technical', and the precise contexts within which such disputes about professional and epistemological status occurred, are still very much subject for debate, raising questions far too large and complex to be more than touched on here (the main problem, of course, is the dearth of early, reliable evidence in marked contrast to the wealth of secondary literature). I shall concern myself with such difficulties only insofar as they bear on ancient views about language knowledge. But two things at least stand out clearly»*.

comunicazione, i primi da dover affrontare nelle loro opere e nella loro prassi didattica[31].

---

31   Atherton 1996, 249: «*First, grammar took an unconscionable time to distinguish itself from the already established and powerful disciplines-philosophy, rhetoric, and music above all (e.g. Sextus, M. I, 80)-with which it had enduring links, and never in fact severed those links entirely. Grammarians thus had, and for a considerable period, a vested interest in demarcating their field of activities, and in defining the conduct of them. Yet they seem never to have felt the need to distinguish what they knew, or the manner in which they knew it, from what ordinary users know: this last provided only ammunition for critics of grammar (as in Sextus, M. I, 66), not the grounds for such discriminations and definitions in the first place*».

GRAMMATICHE E GRAMMATICI

La scelta del titolo di questo capitolo per gli studiosi di queste discipline appare affatto originale; in effetti, il suo abuso è documentabile dalla presenza della *iunctura* 'grammatica e grammatici' in tutti gli studi e nei principali repertori bibliografici che è possibile consultare su questo argomento. Ho scelto, pertanto, questo titolo anche per palesare la mia dipendenza da Vivien Law[32] e dal suo *Grammar and grammarians in the Early Middle Ages*, uno scritto fondamentale per la storia degli studi grammaticali tardoantichi, oltre ad essere la traccia metodologica e contenutistica che mi ha guidato nella stesura di questo capitolo[33].

Se per decenni nella coscienza degli studiosi le grammatiche tardoantiche hanno ottenuto scarsa attenzione e considerazione a causa della loro riduzione a opere e a letteratura di 'nicchia[34]', termine coniato per discriminare il loro valore di appendice, è invece stato facile constatare, in base alle bibliografie e gli articoli consultati, che il contesto di ricerca ora è profondamente mutato. In altre parole, si

---

32   Da un confronto dei titoli consultati per quanto riguarda gli studi grammaticali, questo lavoro insieme a quelli di Holtz e della Kaster risultano i più citati.

33   Cfr., inoltre, la *Prefazione* di F. Guasti 2003, 11, agli atti della prima giornata ghisleriana di Filologia classica intitolata "Grammatica e Grammatici latini".

34   Cfr. nota 5 e Law 1997, 6-7: «*In fact, however, most scholars swiftly realised that such extracts as they contained from authors such as Naevius and Persius were secondhand, taken over from Late Latin grammarians such as Charisius and Priscian*».

sono moltiplicati i punti di vista e gli approcci investigativi diacronici, sincronici e multidisciplinari su questi testi[35], e questi ultimi, ora, sono diventati oggetto di dibattito, strumenti esegetici, documenti storici, fonti teoriche[36]... ecc. Pertanto, 'leggere' e decodificare uno di questi testi necessita di competenze extra-linguistiche e testuali specifiche, che non si esauriscono con una mera traduzione estemporanea, ma devono necessariamente tener conto del sovrapporsi di un coacervo di ambiti di ricerca differenti e del conseguente fiorire di una moltitudine di livelli di analisi per una lettura quanto più globale possibile del testo antico[37].

Lasciandoci influenzare da un approccio storico per la lettura di tali testi bisogna considerare che le variazioni

---

[35]   De Nonno 2003, 14: «lo spazio occupato dalla ricca produzione metalinguistica latina va concepito ed apprezzato come un campo attraversato da significative opposizioni funzionali, ad esempio, tra le opere originali e opere compilative, testi d'autore e testi anonimi, *artes grammaticae* e raccolte di *regulae* flessionali, scritti a destinazione squisitamente scolastica e scritti destinati – nel filone della catoniana trasmissione domestica del sapere – da padri colti a figli da erudire, tra "livres de classe" e monografie specialistiche; e ancora, fra testi che si collocano più avanti o più indietro rispetto all'evoluzione storica del latino e al degrado delle competenze linguistiche dei discenti».

[36]   Law 1997, 11: «*From the very beginnings of research into early medieval grammars, questions of authorship, date and localisation have therefore played a large part. Scholars of the late nineteenth and early twentieth centuries, particularly those trained in the German tradition, contributed many painstaking analyses of the evidence for the external history of the composition of medieval grammars*».

[37]   Oggi non esistono traduzioni complete di tutto il *corpus* dei grammatici; si possono consultare traduzioni presenti nei vari studi, spesso per singoli passi, per libri o, talvolta, per opere.

---

linguistiche possono essere spiegate attraverso la modifica di alcune condizioni sociali[38]. Come è ampiamente noto, a partire dal III secolo d. C., l'impero dovette affrontare una serie di crisi politiche causate dal fenomeno 'migratorio' definito dagli storici 'invasioni barbariche', che non solo innescò epocali cambiamenti socio-culturali relativi all'egemonia politica di Roma, ma anche mutamenti molto più lenti e incisivi relativi al tessuto linguistico del latino che produssero l'emergere di nuove lingue[39]. A questo punto, le *artes grammaticae* medievali non appaiono soltanto come il fievole tentativo di ancorarsi a qualcosa che sta scomparendo – si potrebbe in questo caso parlare di bene materiale, testimonianza di un processo di capillare e transnazionale mutamento morfolinguistico[40] -, ma sono il più vivo documento storico in nostro possesso che certifica questo processo di trasformazione di lunga durata.

Se è vero che tali manuali presentano una schematizzazione ripetitiva, come è stato brevemente esposto, è altrettanto vero che leggendo a fondo i dati che emergono dalle varie parti in cui si organizza la grammatica è possibile definirne alcuni tratti peculiari: secondo le

---

38   Cfr. Rivière 1998, 20: «la storicità è intrinseca al sociale... la storia è definita dalla scrittura, dalla temporalità, dall'identità, dalla coscienza».

39   Secondo la tesi di Norberg, il latino parlato estremamente dinamico ha dato vita alle lingue romane specializzandosi arealmente, il latino scritto, invece, impiegato nelle scuole e successivamente nelle chiese, anche se si limitava ad una ristretta cerchia di persone, non ha mai conosciuto barriere nazionali mantenendo il suo carattere conservativo: cfr. Norberg 1999, 3-7.

40   Siamo agli albori del processo che porterà alla formazione delle lingue romanze: cfr. Traina-Bernardi Perini 1971, 1-14.

moderne letture critiche le strutture delle grammatiche possono essere suddivise in tre parti uniformi contenutisticamente in base a finalità didattico-metodologiche ma si tratta di una divisione teorica che non tiene in considerazione la ripartizione in libri variabile a seconda degli autori[41].

Tale modello interpretativo, che il dibattito scientifico ha considerato maggiormente applicabile a questa tipologia di testi, rileva come nelle grammatiche antiche si standardizzi una struttura che affonda le proprie radici nelle teorizzazioni stoiche[42] - grazie alle quali è nata la terminologia tecnica in uso ancora oggi - e sul modello della prima grammatica sistematica greca[43], quella di Dioniso Trace.

---

41   Kaster 1988, 11-30 e Schmidt 1989, 122 e 144.

42   Cfr. Fritz 1949, 348: «*Varro devoted three of the lost books of his work* De lingua latina *to the discussion of the Stoic doctrine of etymology, setting forth in one whole book all the arguments that had been brought forth in its favour and in another book the arguments which had been used against it. Likewise he wrote several books on the analogist-anomalist controversy. It is true that Varro was interested in these matters not only from a philosophical and historical point of view, but considered also the question of how far etymology and analogy should be used as criteria of correct speech. Yet it is clear that in a study which is primarily, even if not exclusively, concerned with philosophical and his- torical problems of language, etymology and analogy are entirely different principles which cannot be brought under one head*».

43   Dioniso Trace è stato punto di riferimento per l'insegnamento scolastico e la manualistica fino all'Umanesimo; è necessario qui ricordare la mediazione latina di Remmio Palemone (I sec. d. C.) che compilò una grammatica latina sul modello del Trace che sarà la base formale per le *Artes* grammaticali a partire da Donato e per tutto il Medioevo. Un'esposizione completa su questo argomento si può leggere in Barwick 1922, 1-16 e *Id.* 1957.

Leggere, dunque, in chiave tripartita le architetture strutturali delle grammatiche permette di formulare importanti considerazioni sul loro *status* ripetitivo interno: gli *argumenta* delle varie parti o dei libri, in cui i manuali si articolano, sono a loro volta organizzati in brevi capitoli, la maggior parte delle volte introdotti da una definizione formulare, alquanto sovrapponibile nei vari autori. Questa articolazione rigidamente gerarchica e progressiva degli argomenti fa trasparire un'esigenza di rigore didattico e scientificità ricercata ossessivamente dai grammatici e finalizzata a rendere i loro manuali riconoscibili attraverso questa forma canonica[44]. In queste opere, pertanto, si ha solitamente una prima parte, dedicata ai costituenti delle parole e ai *praecepta* indispensabili per una corretta lettura, entrambi corredati da un 'ripetitivo' schema fonologico (secondo alcuni studiosi specificamente in quest'area è ravvisabile la latente denuncia dei mutamenti linguistici di una lingua, quella parlata, ormai in fase di cambiamento[45]); una seconda parte, in cui sono articolate le grammatiche, dedicata alle singole parti del discorso con riferimenti spiccatamente sintattici; una terza parte propedeutica al successivo studio della retorica, in cui sono esposti i difetti dell'elocuzione[46] (metaplasmi, figure, tropi, barbarismi, solecismi... ecc.). Questa cosciente e non casuale operazione di recupero della lingua latina, restituendone correttezza

---

44   Taylor 1991, 341 e sgg.

45   Questa consapevole operazione di 'recupero' se da un lato ha portato alla correttezza sul piano formale del latino, dall'altro ne ha sancito la definitiva separazione dalla lingua parlata: cfr. Palmer 1977, 7-11.

46   Biville 1999, 541-544 e Baratin-Desbordes 1987, 44-66.

formale, ne sancì però definitivamente la natura di lingua artificiale e la conseguente separazione dalla lingua parlata.

È opera ardua voler tracciare un profilo storico delle teorie e degli autori di grammatica classica e tardoantica[47], poiché, soprattutto nelle prime fasi, essa si intreccia con la storia della filosofia e della retorica e successivamente, invece, in area romana si istituisce un legame molto stretto con l'eloquenza politica e forense[48]. Mi limito, per esigenze di funzionalità all'indagine che si intende condurre, a fornire una breve comparazione e concettualizzazione di alcuni dati utili prima di formulare ipotesi interpretative. È opportuno, però, richiamare alcune informazioni di carattere storico e letterario per caratterizzare questo studio della grammatica mediante un percorso che racchiuda in sé i tratti di questa evoluzione e gli elementi fondamentali che la manualistica successiva assume come fondamenti del sapere linguistico.

Punto di partenza e fonte per tutte le opere successive della tradizione grammaticale latina fino al periodo umanistico, quantomeno sotto forma di echi letterari e citazioni, sono state le opere linguistiche e grammaticali di Varrone; queste mie considerazioni si riferiscono nello specifico all'unica opera di quest'autore pervenutaci in frammenti, il *De lingua latina*[49], un trattato di

---

47   Tentativi sistematici si possono leggere in Barwick 1922, 10 e sgg. e Holtz 1981, 82 e sgg.

48   Cfr. Della Casa 1973, 42 e sgg.

49   De Nonno 2003, 22: «da diffusione in epoca classica e tarda del «*De lingua latina* di Varrone, del *De analogia* di Cesare, del *De dubius sermo* di Plinio il Vecchio come il segnale della organicità strutturale e del prestigio del "discorso grammaticale" nel sistema culturale dell'antichità latina».

grammatica e sintassi composto tra il 47 e il 45 a. C. in venticinque libri e articolato in tre parti (etimologia, analogia e sintassi). Quest'opera rappresenta per la storia degli studi la prima esposizione sistematica della grammatica latina, poiché è considerata, rispetto ai testi conservati[50], il primo tentativo di dare organicità ad una materia percepita, così la descrive il dibattito del tempo[51], come magmatica e ancora poco decodificata in forme collettivamente condivise da grammatici e teorici dell'educazione[52].

In accordo con i precetti varroniani[53], possiamo rilevare in Quintiliano, suo assiduo lettore e attento

---

50   Definito da Quintiliano il più erudito dei romani (non venne apprezzato dagli autori cristiani perché considerato la massima autorità del mondo pagano), è molto citato sia da Cicerone che dai grammatici tardoantichi per la sua indiscussa autorità grammaticale. Cfr., Robins 1951, 11 e Goetz-Schoell 1964, 11.

51   Secondo la testimonianza di Svetonio (*gramm.* 3) a Roma erano attive più di venti scuola di grammatica già all'inizio del primo secolo a. C., come testimonia anche Quint. *Inst.*, I, pref., 2: «*quod inter diversas opiniones priorum et quasdam etiam inter se contrarias difficilis esset electio, ut mihi si non inveniendi nova, at certe iudicandi de veteribus iniungere laborem non iniuste viderentur*».

52   Roger 1905, 7: «*Si les ouvrages de ce genre n'ont pas de valeur intrinseque, ils presentent un reel interêt pour l'histoire de l'enseignement grammatical au moyen age*»; in questo caso, Roger fa notare come l'insegnamento della grammatica e il dibattito che intorno ad esso si crea siano per l'epoca medievale, e, in questo caso, per quella classica la cartina tornasole delle dinamiche insite alla storia dell'educazione e della letteratura in senso generale.

53   Fritz 1949, 338: «*Since Quintilian obviously did not intend to write a big book on grammar, and since, differences in some points of general theory and in details notwithstanding, the bulk of the material to be dealt with in a work on Latin grammar became more or less established and was handed down from one grammarian to the other, it is clear that most of the material with which Quintilian*

conoscitore, un tentativo di definire la grammatica *recte loquendi scientia et poetarum enarratio*; rispetto alle moderne definizioni degli ambiti disciplinari o di ricerca essa non denota in maniera analitica l'oggetto di studio della grammatica, quali i suoi costituenti, i metodi o le tecniche[54], ma appare piuttosto come l'espressione del bisogno di giustificare la pratica pedagogico-didattica seguita da Quintiliano. Tale pratica sembra essere caratterizzata dalla

---

deals in the chapters under consideration, including the stock examples, must have been taken from earlier sources, possibly to some extent from Palaemon, though it is difficult to prove this definitely. In addition Nettleship has shown that in some important respects Quintilian deviates from Varro's De lingua latina *and agrees with Valerius Probus, who in his turn may have agreed with Pliny the Elder, though here again, in this latter respect, it is difficult to find conclusive proof».*

54   Secondo la testimonianza di Seneca in *Ep.* 88, 3, questo obiettivo di superare le imprecisioni 'volgari' degli studenti si raggiungeva anche attraverso lo studio degli storici, oltre che tramite letture poetiche: «*Grammatica circa curam sermonis versatur, et, si latius evagari vult circa historias, iam ut longissime fines suos proferat, circa carmina*». Interessante, è anche, a questo proposito, la testimonianza di De Lubac nel suo capitolo intitolato *le barbarie di Girolamo* 1996, 94-95: «Quintiliano aveva definito la grammatica: «*recte loquenti scientia et poetarum enarratio*»; la seconda parte della sua definizione era difatti così importante da conquistarsi subito il primo posto: "*l'intellectus poetarum*", la "*scientia eorum quae a poetis dicuntur*", la "*scientia interpretandi poetas*" formava così l'essenziale dell'"*ars grammatica*". I "*grammatici*" avevano dunque la funzione, come dice Rufino di Aquileia in una delle sue prefazioni alla traduzione del *Periarchôn*, di spiegare i «*poetarum ficta carmina*» e le «*comoediarum ridiculas fabulas*». In pratica, si trattava, in una parola, della mitologia. Non era già questa finzione letteraria che doveva passare nella nostra letteratura classica, non questa scienza erudita e morta che oggi ci fa sbadigliare; ma si trattava di una scienza ancora viva e seducente, mescolata alle usanze, alle consuetudini, ai riti, agli abiti mentali; una scienza che avvinceva le immaginazioni. Era il vecchio paganesimo, il cui prestigio non era affatto esaurito [...]».

ricerca della correttezza formale, corredata anche da una sorta di esegesi del testo poetico, prova questa della prassi grammaticale in atto nelle scuole, cioè dello sconfinamento dei confini disciplinari verso i settori propri della poesia, eloquenza e retorica[55]. Questo stretto collegamento tra linguistica e letteratura[56], già presente in fase di definizione preliminare, rappresenta una traccia fondamentale per la comprensione dell'uso della poesia nella prassi

55   Quint. *Inst.* II, 1, 1-3: «*Eius rei duplex causa est, quod et rhetores utique nostri suas partis omiserunt et grammatici alienas occupaverunt. Nam et illi declamare modo et scientiam declamandi ac facultatem tradere officii sui ducunt idque intra deliberativas iudicialisque materias; nam cetera ut professione sua minora despiciunt, et hi non satis credunt excepisse quae relicta erant (quo nomine gratia quoque iis habenda est), sed ad prosopopoeias usque ac suasorias, in quibus onus dicendi vel maximum est, inrumpunt. Hinc ergo accidit ut quae alterius artis prima erant opera facta sint alterius novissima, et aetas altioribus iam disciplinis debita in schola minore subsidat ac rhetoricen apud grammaticos exerceat*». Secondo l'opinione di Quintiliano l'allargamento degli ambiti di interesse sia la cartina tornasole della cattiva considerazione dell'insegnamento grammaticale legato alla formazione dei fanciulli

56   De Lubac 1996, 94: «Questo termine "grammatica" sinonimo di letteratura, allora aveva un ampio significato, quello stesso che ha oggi in Francia il termine "humanités": e ancora una tale parola è molto lontana dall'evocare per noi ciò che il termine "grammatica" poteva evocare nello spirito di un uomo del VI secolo»; Quint., *Inst.*, I, 8, 13-15: «*In praelegendo grammaticus et illa quidem minora praestare debebit, ut partes orationis reddi sibi soluto versu desideret, et pedum proprietates, quae adeo debent esse notae in carminibus, ut etiam in oratoria compositione desiderent. Deprehendat quae barbara, quae inpropria, quae contra legem loquendi sint posita, non ut ex his utique inprobentur poetae, quibus, quia plerumque servire metro coguntur, adeo ignoscitur, ut vitia ipsa aliis in carmine appellationibus nominentur: metaplasmus enim (et schematismus) et schemata, ut dixi, vocamus et laudem virtutis necessitati damus, sed ut commoneat artificialium et memoriam agitet. Id quoque inter prima rudimenta non inutile demonstrare, quot quaeque verba modis intellegenda sint. Circa glossemata etiam, id est voces minus usitata, non ultima eius professionis diligetia est*».

grammaticale; infatti, la componente poetica è il continuo banco di prova per l'applicazione o l'infrazione delle norme, tanto da canonizzarsi in forme fisse ripetute in quasi tutti i grammatici tardoantichi. In tale ottica, rispetto al *milieu* culturale del suo tempo Quintiliano afferma che:

«*Nam ceteri fere, qui artem orandi litteris tradiderunt, ita sunt exorsi quasi perfectis omni alio genere doctrinae summam in eloquentia manum imponerent, sive contemnentes tamquam parva quae prius discimus studia, sive non ad suum pertineret officium opinati, quando divisae professionum vices essent, seu, quod proximum vero, nullam ingenii sperantes gratias circa res, etiamsi necessarias, procul tamen ab ostentatione, positas, ut operum fastigia spectantur, latent fundamenta. Ego, cum existimem nihil arti oratoriae alienum sive quo fieri non posse oratorem fatendum est, nec ad ullius rei summam nisi precedentibus initiis perveniri, ad minora illa, sed quae, si neglegas, non sit maioribus locus, demittere me non recusabo[57]*».

Interessante, pertanto, per comprendere gli approfondimenti metalinguistici è il primo libro dell'*Institutio Oratoria*, in cui Quintiliano, nella sua prefazione, spiega la dipendenza dai suoi predecessori in relazione a teorie, regole e definizioni grammaticali. Egli, dichiara, di doversi 'barcamenare' tra opinioni contrastanti che lo portano talvolta a formulare nuove teorizzazioni, una sorta di professione di modestia, questa, che implicitamente lo autorizza a giustificare le proprie speculazioni teoriche[58]. Egli deve ridefinire, dunque, la grammatica rispetto al suo statuto originario (*Haec igitur professio, cum brevissime in duas partis dividatur, recte loquendi scientiam et poetarum enarrationem, plus habet in recessu quam fronte promittit. Nam et scribendi ratio*

---

57   Quint., *Inst.*, I, *praef.*, 4-5.

58   Colson 1924, 55 e sgg.

---

coniuncta cum loquendo est, et enarrationem praecedit emendata lectio,
et mixtum his omnibus indicium est: quo quidem ita severe sunt usi
veteres grammatici, ut non versus modo censoria quadam virgula
notare, et libros, qui falso viderentur inscripti, tamquam subditos
summo vere familia permiserint sibi, sed auctores alios in ordinem
redegerint, alios omnino exemerint numero. Nec poetas legisse satis est:
excutiendum omne scriptorum genus, non propter historias modo, sed
verba, quae frequenter ius ad auctoribus sumunt. Tum neque citra
musicen grammatice potest esse perfecta, cum ei de metris rhythmisque
dicendum sit[59]...) e, insegnare i rudimenti della lingua madre
stigmatizzando la pratica dei grammatici, che non solo
avevano invaso il campo dei retori riducendoli ad esperti del
campo di pertinenza delle declamazioni, ma avevano reso il
loro lessico eccessivamente erudito pretendendo perfino di
voler rifondare l'eloquenza.

Dopo aver considerato i due punti fissi dell'età classica,
brevemente, bisogna porre attenzione ai due autori che
rappresentano lo snodo fondamentale per la successiva
prassi grammaticale: la tradizione grammaticale latina
tardoantica, come ho già accennato, segue due direttrici
principali che si dipartono da una fonte comune greca di
ascendenza stoica che presumibilmente dal II secolo a. C.,
epoca della sua composizione, attraverso vari
rimaneggiamenti giunse fino agli albori del medioevo[60]. Una
direttrice, dunque, ha come maggiore esponente Donato
che, insieme ai suoi commentatori e a Consenzio,
rappresenta la Storia degli studi grammaticali per la Tardo

---

59   Quint., *Inst.*, I, 4, 2-4.

60   Gibson 1987, 192: «*Holtz sets Donatus in the wider context of Stoic*
grammar and the Latin tradition from Varro onwards. Comparison witlh the
grammar of Marius Victorinus, Donatus' exact contemporary in Rome, confirms
the existence of a corpus of material on which both men drew…».

Antichità[61]; l'altra si esprime mediante le figure di Carisio, Diositeo e gli *Excerpta Bobiensia*. Successivamente nell'opera di Diomede i due rami di questa tradizione si riunificheranno ed è possibile rintracciare la collazione fra tutte queste fonti testé citate[62].

I più famosi e rilevanti testi della tradizione grammaticale latina sono costituiti dalle *Artes minor* e *maior* di Donato, grammatico del IV secolo d. C. che nel corso dei secoli e per la tradizione successiva ha assunto il ruolo di canone, modello e autorità. I due più grandi commentatori dei grammatici tardoantichi, Karl Barwick[63] e Louis Holtz[64], hanno ricostruito i legami parentali fra i vari testi che la tradizione grammaticale ci ha consegnato ed hanno entrambi condiviso una proposta interpretativa circa la 'gestazione' di queste opere: questi autori hanno introdotto nei loro lavori e principalmente nei loro commenti un'inedita categoria interpretativa, sviluppatasi a partire da un'ipotesi di genealogia filologica fra questi testi; nello specifico essi hanno coniato la definizione di '*DONATUS-GRUPPE*', con la quale non solo identificano le opere dei principali grammatici della Tardo Antichità, cioè Donato, Diomede e Consenzio, ma anche, basandosi su una collazione soprattutto contenutistica, strutturano i rapporti di parentela fra questi testi che utilizzano, secondo la loro lettura, una fonte comune[65]. Secondo Holtz, in realtà, Diomede e Consenzio, oltre alle fonti (spesso viene

---

61   Schindel 1975, 258-279 e Holtz 1971, 48-52.

62   Kaster 1988, 148-201.

63   Barwick 1922, 10-15 e Mazhuga 2000, 74-87.

64   Holtz 1981, 82-84.

65   De Paolis 2000, 173-221.

utilizzato il singolare) in comune con Donato, attingono direttamente dall'*Ars* donatiana per la redazione delle grammatiche, secondo un palese processo di contaminazione[66]. La straordinaria influenza e il conseguente successo, dunque, dell'opera grammaticale di Donato innescarono una serie di fenomeni letterari che la resero punto di riferimento fino al Rinascimento: quest'opera, infatti, fu oggetto di commento da parte dei grammatici che produssero una nuova tipologia di opera letteraria a carattere linguistico, la grammatica commentata tramandata sotto il nome di *Artes Donati*[67].

Tornando alla produzione di Donato, le due parti (*Ars minor e maior*) in cui si articola l'opera grammaticale sono spesso state considerate due opere a se stanti. L'*Ars minor* – corrispondente al primo libro della grammatica di Donato-, chiamata così per la sua brevità e semplicità e utilizzata da chi si avviava allo studio della grammatica, tratta le otto parti del discorso strutturandosi sul modello domande e risposte, un modello pedagogicamente semplificato di insegnamento funzionale al pubblico a cui si rivolgeva[68]. I tre libri successivi della grammatica

---

66   Holtz 1977, 40.

67   Cfr. Amsler 1976, 10, Flobert 1987, 27-30 e Holtz 1981, 50.

68   Gibson 1987, 190: «*Aelius Donatus taught grammar in Rome in the third quarter of the fourth century. His Ars Minor and Ars Maior circulated widely in the early Middle Ages; in the field of 'applied' grammar he expounded Terence (ed. Wessner 1902-5: Teubner), and is known to have commented on Virgil. He has a special reputation as the 'praeceptor' of St Jerome, who quotes a sentence from the commentary on Terence which is rather more characteristic of Jerome himself: 'Pereant qui ante nos nostra dixerunt'. The combination of brevity, currency and being perceived as the man who had taught correct Latin to the editor of the Vulgate has given Donatus a unique position in the history of grammar.*

corrispondenti all'*Ars maior* trattano di fonologia e fonetica, di metrica e stilistica e dei difetti della comunicazione; interessante è la sovrapponibilità rispetto al primo libro in relazione alla trattazione delle parti del discorso. La separazione dovuta a questa ripetizione tematica e alla maggiore complessità dei tre libri successivi rispetto al primo fu operata già in epoca antica dal grammatico Pompeo nel suo commento; essa si standardizzerà poi nel Medioevo[69].

Infine è indispensabile soffermarsi sulla figura del *grammaticus* Diomede contemporaneo di Donato e, come abbiamo già detto, suo seguace e ideale continuatore insieme al grammatico Carisio. Vissuto alla fine del IV d. C. secolo fu autore di un *De Oratione et Partibus Orationis et Vario Genere Metrorum libri III* o *Ars grammatica*, dedicata ad un non meglio identificato Atanasio[70]. Questa grammatica, punto di riferimento per le produzioni successive, si articola in tre libri: il primo dedicato alle otto parti del discorso, il secondo alle unità linguistiche partendo da principi elementari di grammatica e il terzo dedicato alla poesia e metrica[71].

Holtz fully acknowledges this special status. His edition of the Ars Minor and the Ars Maior is more than a simple replacement of Keil's edition of 1864 (Grammatici Latini IV): it approaches being a cultural history of the early medieval West. His text has a threefold function: it is a critical edition of Donatus' grammar; it demonstrates the transmission and influence of the grammar across the Western world and particularly among the Irish until c. 800; it occasions a discussion of the character and affiliations of Donatus' grammatical doctrine».

69   De Nonno 1984, 196.

70   De Nonno-De Paolis-Holtz 2000, 347.

71   Dammer 2001.

Particolarmente interessante è questo terzo libro, in cui è possibile rintracciare quattro fonti[72] diverse, necessarie alla sua elaborazione. All'interno del capitolo *de versuum generibus* sono contenuti, inoltre, mediante un processo di tradizione indiretta, il quinto libro dell'*Ars* grammaticale di Carisio, molti frammenti di Varrone e diverse citazioni del perduto *De Poetica* di Svetonio[73].

La fortuna di questo modello didattico-pedagocico è attestata non solo in autori medievali -famose restano le 'riscritture' commentate di Carisio e Prisciano-, ma anche attraverso le opere di traduzione e plagio di epoca umanistica. La inconfutabile attestazione di questo processo, peraltro, è il rifiorire di grammatiche latine e in lingua volgare perfettamente accostabili a questi precedenti tardoantichi. Possiamo, dunque, concludere che ciò che è rimasto costante nel tempo è la sopravvivenza di questa regolarità della disposizione strutturale; soltanto in epoca moderna la ideologia pedagogica di Comenio ha tentato di scardinare il "paludato sistema grammaticale" con una serie di sperimentazioni presenti nella sua monumentale opera, che ha influenzato la letteratura specialistica e la prassi scolastica successiva[74].

---

72   Schmidt 1989, 301.

73   Oltre alle opere citate (Carisio e Svetonio) non si può non ricordare quali fonti primarie a cui Diomede attinge nella stesura di questo capitolo da Donato e dal *De Metris* di Cesio Basso: cfr. D'Alessandro 2006, 68.

74   Comenii 1979, 7.

LA SOPRAVVIVENZA DELLA VALENZA DIDATTICA DELLE GRAMMATICHE TARDOANTICHE: UN ESEMPIO DI TRASCRIZIONE UMANISTICA

"Nucleo del *corpus* classico è la retorica antica, greca e romana, ove si trovano non solo i fondamenti dottrinari e le strutture portanti dell'intera costruzione, ma anche una parte considerevolissima dei materiali in questa adibiti. Le età successive non hanno fatto altro che riprendere, più o meno criticamente, le dottrine antiche, per rielaborarle adattandole a contenuti nuovi e, sempre, sviluppandone singoli aspetti a scapito di altri. La storia della retorica classica è storia degli ampliamenti parziali e delle perdite, ridistribuite le parti e mutati i rapporti di forza, nell'immane congegno impiantato dai greci, passato poi ai romani e modellato esemplarmente, nel suo ultimo assetto antico, dalla *summa* quintilianea[75]".

Ho riportato qui l'*incipit* del capitolo "*Eredità della retorica classica*" del manuale di Bice Mortara Garavelli, la quale, nel tracciare un profilo storico-letterario della "retorica", nota come nel II e IV secolo d. C. la prassi retorica si era consolidata e aveva come capisaldi teorici

---

75   Mortara Garavelli 1988, 55.

Aristotele, il *De inventione* di Cicerone, la *Rhetorica ad Herennium* e l'*Institutio oratoria* di Quintiliano[76].

Un'eccezione è rappresentata dalla retorica cristiana che seguì due strade parallele alla prassi scolastica pagana; l'avvento del cristianesimo decretò in ambito scolastico, retorico ed oratorio una vera e propria destrutturazione della retorica classica. Se la retorica appresa a scuola seguiva da un lato il modello aristotelico e ciceroniano e dall'altro le prescrizioni pedagogiche quintilianee[77], la retorica cristiana, invece, elaborò un livello superiore di costruzione dell'impianto teorico. Questa nuova retorica si nutrì, necessariamente almeno in fase di gestazione, dei concetti fondamentali desunti dal modello classico indispensabili per

---

76   *Ibid.*, 56.

77   Petrone-Casamento 2010, 142: «Non a caso Quintiliano, unico nella storia della retorica classica, concepisce un duplice tirocinio discorsivo calibrato sulle effettive conoscenze degli allievi, descrivendo nel secondo libro dell'*Institutio oratoria* i semplici *progymnasmata* adatti al livello iniziale del percorso formativo... elemento comune a tali "laboratori" è la pratica degli esercizi, -necessariamente complementari tra loro e di pari valore-, di lettura, ascolto/scrittura, declamazione di testi modello imitati e/o rielaborati, mediante i quali i giovani aspiranti oratori potranno consolidare o corroborare gradualmente i precetti appresi, fino a raggiungere una sicura padronanza del discorso... n. 2: fin dal libro primo (I, 9) Quintiliano puntualizza quali esercizi preparatori alla performance oratoria possono essere affidati al grammatico e quali debbano essere di spettanza del retore. Appare chiara la polemica nei confronti della prassi scolastica latina che non garantisce il rispetto delle rispettive prerogative di grammatici e retori, a scapito dei retori. Altrettanto chiaro l'apprezzamento del sistema scolastico greco, che ispirerà Quintiliano a ideare un percorso curriculare dell'*exercitatio* in grado di coniugare il sistema greco con quello latino e soprattutto di distinguere con maggior rigore i compiti del grammatico e quelli del maestro di retorica».

l'architettura teorica di tutte le teorie retoriche anche successive, ma seguì poi linee di sviluppo completamente originali[78]. La retorica cristiana, a differenza di quella precedente non ha la finalità di formare l'oratore che deve difendere in tribunale un imputato, ma ha lo scopo di difendere, in senso apologetico[79], l'emergente cultura cristiana. L'altro tratto peculiare, messo in luce dai primi padri della Chiesa e in particolare da S. Agostino nel IV libro del *De doctrina cristiana*, è l'impiego del *sermo humilis* per

---

[78]   Zetzel 1981, 27-30.

[79]   Gibson 1987, 190-191: «*Holtz reviews Donatus' contribution to the writings of other late antique grammarians: from the shadowy Servius in the late fourth century to Priscian and Cassiodorus in the sixth. He is cited by name and his material recurs, whether as direct quotation or as part of a wider tradition. The early medieval tradition is well established by the time of Isidore of Seville (ob. 636), who is thought to have inherited a Donatus that already contained illustrative quotations from Christian authors. Isidore invites narrower scrutiny than he receives in the present volume. He neither draws the bulk of his material in the grammar section of the Etymologiae directly from Donatus, nor does he handle the subject at anything like Donatus' level. But he did know, and recommend, the text: 'Lege Donatum' (Etym. I.xvi). He must (one would think) have contributed both to the currency of Donatus in the seventh and eighth centuries and to the way students used Donatus at that time: sc. as a course of authoritative grammatical dicta rather than as a coherent account of the structure of Latin. Of course in contributing virtually nothing to the establishment or development of the actual text of Donatus Isidore can be dismissed as marginal: 'Les Etymologies ont fourni ca et la quelques points de reference limites' (p. 432)- no more, pending the appearance of the Fontaine/Reydellet edition of Etymologiae I (p. 432 app.). H. devotes more attention to Julian of Toledo (687/90), a far less influential author. Here Donatus provides the framework of a compendium of what is still essentially late antique material, despite the introduction of further lines from Christian poets. This principle of' Donat chrotien' is further developed in Ireland and Anglo-Saxon England in the later seventh and eighth centuries. The version of Donatus established by Asper was available there, as was a distinctively insular version of Ars Maior II*».

spiegare e diffondere la Scrittura[80] e per educare le masse incolte dei fedeli; com'è evidente, questa nuova immagine della retorica portò necessariamente ad una semplificazione terminologica ed a uno sviluppo di una più profonda e variegata pratica ermeneutica ed esegetica[81].

Il mondo della scuola per tutto il periodo medievale e per i secoli successivi divenne la fornace di opere di carattere tecnico ad uso degli stessi grammatici che le composero e di tutti quegli ambienti in cui si trasmetteva cultura di tipo retorico - grammaticale. Questa produzione, testimoniata dalle innumerevoli raccolte, manuali e trattati, pervenutaci sia in forma diretta che per tradizione indiretta, fu oggetto di accesi dibattiti per le epoche successive ed ebbe tale successo che subì molteplici rimaneggiamenti e saccheggi[82].

---

80   Barthes 2000, 23, 36-41 e 45-49.

81   Riferisce Auerbach 1983, 48-49, che i pagani ritenevano "rozza e vitiosa" questa produzione per lessico e sintassi.

82   Camporeale 2002, 15-17: «Quintiliano dedica l'intero libro I della *Institutio* alla grammatica. Questa infatti è costitutiva della formazione («instítutio») del retore («oratoria»). Egli suddivide la grammatica in «metodíca» e «istorica»: la prima («metodíca») si fonda sulla seconda («istorica») in quanto la grammatica «metodíca» è disciplina normativa i cui dettami provengono per via induttiva da quella «istorica». L'una e l'altra determinano la grammatica quale dottrina, sincronica e diacronica ad un tempo, dei fondamenti del linguaggio. La grammatica dunque, prima ancora di essere dottrina prescrittiva del processo discorsivo, cioè una precettistica del parlare e dello scrivere rettamente, consiste anzitutto nell'indagine analitica della prassi linguistica in genere e nello studio filologico delle fonti e dello sviluppo storico del linguaggio. L'«ars grammatica», che è ricerca grammaticale (morfologica e semantica) lungo le coordinate «metodíca» ed «istorica», assurge così a scienza filologica e critica: disciplina storico-teorica del sapere linguistico. Alla messa in opera dell'«ars

Nel 1807 a Firenze presso le stamperie di Borgo Ognissante, Luigi Clasio pubblicò un'opera in quattro volumi con finalità filologiche e antiquarie intitolata *"Collezione d'opuscoli scientifici e letterarj ed estratti d'opere interessanti*[83]*"*, in cui sono stati pubblicati per la prima volta dei *pamphlets* inediti dell'umanista M. Benedetto Varchi[84]. Nel quarto volume appare di notevole interesse la trascrizione di un'operetta incompleta tramandata da un manoscritto del XVI secolo conservato nella biblioteca del Sig. Marchese Cav. Giuseppe Pucci col titolo di *Gramatica del*

---

grammatica» come indagine filologica è dedicato il libro II della *Institutio*, dove Quintiliano determina il rapporto specifico che intercorre tra grammatica e retorica. La grammatica, «quam in latinum transferentes *litteraturam* vocaverunt» - scrive il Retore latino (II, 1.4) -, è *fundamentum* dell'«ars rhetorica». E ruolo infatti che compete alla grammatica e l'oggetto che le è proprio sono essenzialmente in funzione diretta ed immediata della retorica. Quest'ultima è la scienza onnicomprensiva di tutte le branche del sapere, poiché, essendo ogni sapere espresso in linguaggio e scrittura, ogni sapere cade nell'ambito della litteratura. Al termine di un'ampia indagine circa la natura e le dimensioni dell'oggetto proprio della retorica, Quintiliano conclude: «*Ego, neque id sine auctoribus, materiam esse rhetorices iudico omnes res quaecunque ei ad dicendum subiectae erunt*» (ivi, II, 21.4). Il Valla riprende la *Institutio* di Quintiliano con tutte le sue implicazioni gnoseologiche ed epistemologiche, provenienti dalla tradizione della retorica classica cui aveva dato origine la prima Sofistica. (Cfr. F. Edward Cranz, *Quintilian as Ancient Thinker*, «Rhetorica. A Journal of the History of Rhetoric», XIII, 1995, pp. 219-230). L'Umanista poi, rielaborando i fondamenti della *Institutio*, porta la «rhetorica» ad autentico superamento (*Aufhebung*) della «philosophia» aristotelico-scolastica (cfr. *Lorenzo Valla: la retorica come critica filologica e superamento della filosofia*, in *Ulisse. Enciclopedia della ricerca e della scoperta*, III, pp. 70-76, 78-80, 194-196, a cura di L. Lombardo Radice, Roma 1977)».

83   *Introduzione* al vol. I pp. 3-8 di Clasio, 1807.

84   Borsellino-Pedullà 2004, 260-262 e 354-355.

Varchi; come lo stesso curatore dell'opera sottolinea più volte, pur circolando un'altra operetta incompiuta dello stesso autore, operetta intitolata *Gramatica Toscana*[85], nota agli intellettuali dell'epoca e citata in varie prefazioni[86], si può dimostrare la stessa paternità dei due frammenti e la natura diversa delle due operette. L'ampio frammento riportato nel codice da me considerato, su cui voglio focalizzare la mia attenzione, differisce dalla famosa *Gramatica Toscana* in primo luogo poiché ci è giunto con un altro titolo, la *Gramatica del Varchi*, appunto, a dimostrazione dell'esistenza di un progetto 'editoriale' diverso e successivo rispetto a quello a tutti noto della grammatica del volgare toscano[87]; peraltro, come asserisce il Clasio, dopo avere appurato la veridicità filologica del manoscritto[88], "*premieramente quest'ultima, benché scritta in volgare, è piuttosto Gramatica della lingua Latina che della Toscana*[89]", continuando idealmente il percorso di storia della grammatica classica di cui sopra.

---

85   La collazione tra i due frammenti appare necessaria per fugare qualsiasi dubbio di falsa attribuzione, come si legge in Clasio 1807, vol. I, 83-84.

86   *Ibidem*, 84: «Il Bottari nella più volte citata Prefazione all'Ercolano pone tra le opere inedite del Varchi la *Gramatica Toscana*, di cui il solo principio ci resta nel Codice 916 della già Libreria Strozzi…».

87   La dimostrazione di questa tesi può essere letta in Clasio 1807, vol. I, 83; ne è anche la riprova il fatto che la *Gramatica Toscana* viene citata nel frammento della *Gramatica del Varchi*: a questo proposito cfr., inoltre, Clasio 1807, vol. IV, 43.

88   Clasio 1807, vol. I, 84.

89   *Ibid.*, 85.

Definito la più notevole personalità dell'Accademia Fiorentina[90], il Varchi era un intellettuale polivante; si era, infatti, dedicato alla filosofia, alla critica, alla poesia e alla grammatica; la sua fama all'interno dell'Accademia gli permise di far parte dei riformatori incaricati di fissare le regole del toscano e di essere attivamente coinvolto nelle discussioni che imperavano nei salotti umanistici fiorentini sulla funzione del volgare (anche per queste ragioni circolavano con notevole interesse le sue teorie grammaticali e c'era attesa rispetto alle sue produzioni testuali); non meno nota poi era la sua attività di grammatico[91] 'impegnato'.

In questo testo, dopo aver esposto il rapporto fra la grammatica e le altre scienze in perfetta sintonia con il suo pensiero, secondo il quale il volgare doveva essere il mezzo di diffusione della cultura filosofica[92], definisce *che sia Gramatica:*

---

90   Tateo 1999, 248-9.

91   *Ibid.*, 249.

92   *Ibidem* e cfr., inoltre, Barthes 2000, 40: «Vi è dunque una certa parentela fra i Modisti e certi strutturalisti moderni (Hjelmslev e la glossematica, Chomsky e la competenza): la lingua è una struttura e questa struttura è in certo "garantita" dalla struttura dell'essere (*modi essendi*) e da quella della mente (*modi intelligendi*): c'è una *grammatica universalis;* questo era un fatto nuovo, poiché si credeva comunemente che vi fossero tante grammatiche quante lingue: *Grammatica una et eadem est secundum substantiam in omnibus linguis, licet accidentaliter varietur. Non ergo grammatica sed philosophus proprias naturas rerum diligenter considerans... grammaticam invenit* (La grammatica è una ed identica, quanto alla sostanza, in tutte le lingue, per quanto possa variare accidentalmente. Non è dunque il grammatico, è il filosofo che, esaminando la natura delle cose, scopre la grammatica)».

"La Gramatica è una scienza, ovvero Arte, anzi piuttosto facultà, la quale insegna favellare correttamente[93]*"*.

I moderni contributi agli studi dei grammatici antichi definiscono in generale la grammatica «come l'insieme delle competenze necessarie per la perfetta lettura, comprensione ed interpretazione dei testi letterari, soprattutto poetici, e tale fondamentale funzione esegetica – ben rappresentata a Roma dai grandi commenti conservati (a Virgilio di Servio e Donato, a Terenzio di Donato, ad Orazio di Porfirione, e così via), nonché dai tanti perduti – è ancora ben presente nella classica definizione quintilianea, di probabile ascendenza varroniana, *haec professio* (scil. *grammaticae*)… *brevissime in duas partes dividitur, recte loquendi scientiam et poetarum enarrationem*[94], infinite volte ripresa e variata dai grammatici più tardi[95]». Confrontando queste definizioni è

---

93   Clasio 1807, vol. IV, 7; Mario Vitt., *Ars Grammatica*, I, 1: «*Grammatica Autem ars quae est? - spectativa orationis et poematos. - Haec quod modis discernitur? - Tribus. - Quibus? - Intellectu poetarum et recte loquendi scribendique ratione... Ut Varroni placet, Ars grammatica, quae a nobis litteratura dicitur, scientia est eorum quae a poetis, historicis oratoribusque dicuntur ex parte maiore. Eius praecipua officia sunt quattuor: scribere, legere, intellegere, probare. Artis grammaticae officia constant partibus quattuor: lectione, enarratione, emendatione, iudicio. Lectio dicitur varia cuiusque scripti pronuntiatio serviens dignitati personarum exprimensque animi habitum cuiusque. Enarratio est obscurorum sensuum quaestionumve explanatio. Emendatio est recorrectio errorum qui per scripturam dictionemve fiunt. Iudicium est aestimatio qua poemata ceteraque scripta perpendimus* (Fonte di questo testo è Varrone)».

94   Quintiliano, *Inst.*, I, 4, 2: «Questa materia, dunque, molto sommariamente viene divisa in due parti, scienza del parlare corretto e commento ai testi poetici…» (trad. it., qui e altrove, a cura di Stefano Corsi); il commento alle definizioni antiche di grammatica è consultabile in Barwick 1922, 215-223.

95   De Nonno 1999, 605, nota 22.

evidente che il Varchi ebbe l'esigenza di restringere il campo
d'azione di una disciplina secolare che inglobava al suo
interno molteplici ambiti, mediante una semplificazione
delle aree di competenza. Tornando al testo, il Varchi fa
allora seguire a questa definizione generale e riassuntiva del
suo impegno di grammatico, l'esplicazione del fine che la
grammatica persegue, cioè *il favellare correttamente*:

In che consista il favellare correttamente

"*Il favellare correttamente consiste in due cose, prima nelle dizioni,
ovvero parole semplici, e scompagnate, cioè considerate sole, e di per se a
una a una, le quali i Loici chiamano incomplesse, come* Deus,
gubernat, omnia; *e in queste si può commettere quel vizio, che i
Latini con nome Greco chiamano* Barbarismo: *Poi nelle parole
composte, e accompagnate, cioè considerate per rispetto, e in ordine
all'altre, le quali i medesimi Loici chiamano complesse, come
pronunziando senza alcun punto:* Deus, gubernat, omnia, *cioè*
Dio governa il tutto; *e in queste può commettersi quel vizio, che i
Latini chiamano medesimamente con voce Greca* Solecismo[96]".

---

96   Clasio 1807, vol. IV, 7-8; Isid., *Etym.*, I, 5, 1-4: «*Grammatica est
scientia recte loquendi, et origo et fundamentum liberalium litterarum. Haec in
disciplinis post litteras communes inventa est, ut iam qui didicerant litteras per eam
recte loquendi rationem sciant. Grammatica autem a litteris nomen accepit.
grammata enim Graeci litteras vocant. Ars vero dicta est, quod artis praeceptis
regulisque consistat. Alii dicunt a Graecis hoc tractum esse vocabulum apo thé
arethé, id est a virtute, quam scientiam vocaverunt. Oratio dicta quasi oris ratio.
Nam orare est loqui et dicere. Est autem oratio contextus verborum cum sensu.
Contextus autem sine sensu non est oratio, quia non est oris ratio. Oratio autem
plena est sensu, voce et littera. Divisiones autem grammaticae artis a quibusdam
triginta dinumerantur, id est, partes orationis octo: vox articulata, littera, syllaba,
pedes, accentus, positurae, notae, orthographia, analogia, etymologia, glossae,
differentiae, barbarismi, soloecismi, vitia, metaplasmi, schemata, tropi, prosa, metra,
fabulae, historiae*».

Avendo a questo punto introdotto i concetti di "barbarismo" e "solecismo" fondamentali per acquisire gli strumenti per la produzione di testi, in perfetta sintonia col precetto quintilianeo *prima barbarismi ac soloecismi foeditas absit*[97] (concezione questa, come apparirà chiaro successivamente, ereditata dalla Tarda Antichità), l'autore fornisce delle precipue e complesse definizioni dei suddetti concetti:

Che sia Barbarismo e in quanti modi si commenta.

"*I Greci avevano in costume di chiamare tutte le altre nazioni Barbare, cioè senza leggi, e costumi civili, e in somma senza dottrina, e senza virtù, e da cotal nome derivò* Barbarismo, *il quale, sebbene primieramente si riferisse all'animo, nondimeno ottenne poi l'uso, che Barbari si chiamassero coloro, i quali non favellavano correttamente: onde Barbarismo è quello vizio, il quale nelle parole semplici, e spiccate si commette, e questo può avvenire in due modi: prima quando alcuno, volendo favellare latinamente, usasse senza necessità alcuna parola barbara, cioè forestiera, e d'alcuna lingua, che latina non fosse: la qual parola né l'uso ricevuto avesse, né i buoni Scrittori usata giammai; nel secondo modo si può commettere il Barbarismo, quando le parole, le quali usiamo favellando, ancorché non siano straniere, ma latine, l'usiamo però male, e non latinamente; e ciò può farsi in più modi così nel pronunziarle, come nello scriverle, errando o nel genere, o nel caso, o in altri modi, che di sotto si vedranno, come ancora nell'aggiugnere, o nel levare, o nel trasporre alcuna lettera, o nel principio, o nel mezzo, o nel fin*".

Che cosa sia Solecismo e in quanti modi si commenta.

"*Il Solecismo è un vizio di favellare, il quale si è nelle parole composte e congiunte insieme, e brevemente in quella parte, che da Grammatici si chiama* costruzione, *e in questo medesimamente si può commettere in*

---

97   Quint., *Inst.*, I, 5, 5: «Anzitutto si eviti la bruttura di barbarismi e solecismi».

più modi, discordando, o in genere, o in numero, o in caso, o in persona, o in alcuno altro modo, come si vedrà al luogo suo[98]".

Vorrei indugiare sulle stesse definizioni di Quintiliano circa il barbarismo e il solecismo, la cui lettura in parallelo a queste definizioni pone spunti di riflessione su come tali concetti, considerati da taluni *"cavillationes"*, facciano trasparire in epoca classica problemi di apprendimento all'interno della prassi didattica e questioni di natura squisitamente grammaticale di difficile risoluzione. Procedendo per ordine, Quintiliano definisce il barbarismo mediante una domanda retorica che propone al suo ideale lettore colto, o meglio, come esplicitamente afferma, ai suoi colleghi grammatici (*grammaticos officii sui commonemus*): *"Quis hoc nescit, alios barbarismos scribendo fieri, alios loquendo (quia quod male scribitur male etiam dici necesse est, quae vitiose dixeris non utique et scripto peccant), illud prius adiectione, detractione, inmutatione, transmutatione, hoc secundum divisione onplexione, adspiratione sono contineri[99]?*". Questo a dimostrazione di come il dibattito della comunità di grammatici fosse vivo e segnato dai mutamenti e dalla difficile codificazione della lingua in uso[100].

---

98   Clasio 1807, vol. IV, 8-9.

99   Quint., *Inst.*, I, 5, 6: «Chi non sa che scrivendo si incorre in alcuni barbarismi e parlando in altri – poiché ciò che è scritto male inevitabilmente viene anche letto male, mentre ciò che è detto scorrettamente non sempre resta scorretto nella trascrizione -, e che quando si scrive i barbarismi sono aggiunte, sottrazioni, sostituzioni, trasposizioni, mentre quando si parla consistono in divisione o contrazione di sillabe, aspirazioni o storpiature della pronuncia?».

100   Cfr. Luhtala 1995, 121-125.

Sembrerebbe, dunque, scontata la definizione di questo concetto se lo stesso Quintiliano non ci informasse di come tale fenomeno fosse ingannevole e sfuggente, di difficile spiegazione ed esposizione verso i discenti da parte degli stessi esperti del settore[101]: *"sed quia interim excusantur haec vitia aut consuetudine aut auctoritate aut vetustate aut denique vicinitate virtutum (nam saepe a figuris ea separare difficile est): ne qua tam lubrica observatio fallat, acriter se in illud tenue discrimen grammaticus intendat[102]"*.

Più interessante dal punto di vista ermeneutico è la formulazione concettuale quintilianea di "solecismo"; su questa definizione, secondo la sua testimonianza, esistevano opinioni divergenti. Pur riferendo la posizione degli altri grammatici, Quintiliano esprime chiaramente il suo punto di vista sull'argomento: se gli altri grammatici pongono l'accento sulla rintracciabilità del difetto in una o in un gruppo di parole, Quintiliano, invece, sofferma la propria attenzione sulla natura squisitamente sintattica del difetto: *"cetera vitia omnia ex pluribus vocibus sunt, quorum est soloecismus. Quamquam circa hoc quoque disputatum est; nam etiam qui complexu orationis accidere eum confitentur, quia tamen unius emendatione verbi corrigi possit, in verbo esse vitium, non in sermone contendunt[103]"*; il

---

101   Colson 1924, 170 e sgg.

102   Quint., *Inst.*, I, 5, 5: «Siccome però tali difetti vengono a volte scusati o in nome della loro diffusione, o in nome dell'autorevolezza e dell'antichità degli esempi in cui ricorrono, o, da ultimo, in nome della loro somiglianza a dei pregi (**spesso infatti è difficile distinguerli dalle figure**), il maestro di grammatica, per non farsi ingannare nell'osservazione di un fenomeno così sfuggente, incentri bene le sue attenzioni sulla sottile differenza».

103   Quint., *Inst.*, I, 5, 34: «tutti gli altri difetti concernono più parole insieme, e fra essi sta il solecismo. Ma pure su questo **s'è molto**

solecismo, quindi, non si verifica in singole parole ma quando esse sono state inserite in fase di composizione in un contesto[104]. Dunque, in entrambi i casi appena proposti, cioè sia per il barbarismo che per il solecismo, l'esplicazione attraverso una definizione univoca, la comprensione da parte dei discenti o degli stessi grammatici e l'applicazione mediante l'uso di esempi e citazioni erano di difficile attuazione per gli stessi studiosi del tempo.

Ritornando al nostro umanista, apparirebbe, dunque, originale che definisca *per difetto*, cioè esponendo cosa bisogna evitare, come si raggiunga la correttezza dello scrivere e del parlare e quale sia in ultima analisi il fine della grammatica e del grammatico:

Qual sia il fine della Gramatica, e quale l'ufizio del Gramatico.

"Tutte le scienze, e tutte l'arti hanno alcun fine; perché niuna cosa si fa da nessuno, se non a qualche fine: onde come il fine della Gramatica non è altro, che favellare correttamente, cioè senza Barbarismo, e Solecismo, così l'ufizio del Gramatico è solo insegnare favellare correttamente: cioè schifare il vizio del Barbarismo nelle parole semplici e quel del Solecismo nelle composte[105]".

Segue a questa serie di definizioni preliminari, in cui sono fissati i capisaldi della sua prassi didattica, un paragrafetto autonomo in cui si fornisce la spiegazione di

---

discusso; infatti, poiché lo si può correggere emendando un solo termine, anche quanti ammettono che esso abbia natura sintattica sostengono tuttavia che il difetto sta nel singolo vocabolo, non nel sintagma».

104   Lausberg 1960, 496-497.

105   Clasio 1807, vol. IV, 9.

quale sarà la struttura compositiva che seguirà nella stesura della *Gramatica*.

Divisione della Gramatica

"Per le cose dette di sopra si conosce, che tutto quello, che si considera, ed opera il Gramatico, lo considera, ed opera intorno alle parti dell'orazione ben è vero, che la considera in due modi, perché prima le considera come parti, cioè separatamente l'una dall'altra per fuggire il barbarismo: poi le considera congiunte insieme, e come corrispondono l'una coll'altra per fuggire il solecismo. Il che fatto, avendo conseguito il suo fine, cessa dal moto, cioè non opera più: onde noi per essere più agevoli, che potemo , divideremo tutta la Gramatica in due parti principali: nella prima delle quali tratteremo a una per una di tutte le parti dell'orazione, e conseguentemente insegnaremo di fuggire il barbarismo: onde sarà chiamata da noi delle parti dell'Orazioni. Nella seconda trattaremo delle medesime parti non già disgiuntamente, ma come si compongono l'una con l'altra, e per conseguenza insegnaremo di fuggire il solecismo[106]".

Il barbarismo e il solecismo, dunque, sono gli indicatori non solo formali ma anche strutturali della costruzione del percorso editoriale del Nostro, ed è quasi superfluo supporre che questi siano i presupposti teorici che orientano anche la sua prassi didattica nell'esercizio del suo ruolo di formatore. Barbarismo e solecismo non sono, pertanto, esposti in un elenco per definire la loro valenza retorica all'interno dei discorsi o delle orazioni[107], ma sono due idee chiave intorno alle quali si costruisce lo statuto teorico di questa grammatica. Questa prassi, tra l'altro, non rappresenta una novità editoriale per le opere grammaticali della Tarda Antichità, poiché le architetture di tali opere

---

106   Clasio 1807, vol. IV, 10.

107   Cfr. De Nonno 2002, 13-28.

---

seguivano precisi schemi compositivi[108]; le grammatiche, infatti, erano tripartite, cioè, costituite da una prima parte incentrata sull'acquisizione e trasmissione dei precetti basilari per la lettura di un testo, una seconda parte dedicata allo studio delle parti del discorso e, infine, una terza parte, la più interessante per il nostro percorso, caratterizzata dallo studio e dalle strategie di rimozione dei difetti dell'elocuzione (barbarismo, solecismo e altri *vitia*[109]).

Nel caso specifico, nella parte conclusiva di questo paragrafetto programmatico, l'autore ci fornisce la traccia per conoscere quale sia stato il percorso intellettuale che ha orientato la sua scelta culturale:

"il che fatto, avendo compito pienamente tutto l'ufizio del Gramatico, porremo fine a quasto trattato. Né sia chi si meravigli, che

---

108   Barwick 1922, 85-111.

109   De Nonno 1999, 629-630: «Le grammatiche scolastiche brevi di forma artigrafica sono articolate secondo uno schema che tradizionalmente si fa risalire a un modello stoico, e trovano in ambito greco un preciso, seppure parziale parallelo nella grammatica attribuita a Dionisio Trace: esse sono costituite essenzialmente da una serie di capitoli dedicati alle varie parti del discorso, inaugurati di norma ciascuno da una precisa definizione formale e funzionale, e articolati internamente secondo l'elenco dei diversi accidenti. Alle parti del discorso sono per lo più premessi, come in Dionisio Trace, capitoli di tipo introduttivo, dedicati alla definizione dei costituenti delle parole (lettere e sillabe) ed a preliminari propedeutici alla corretta lettura del testo (piedi metrici, accenti e segni diacritici, interpunzione). **Caratteristica delle *artes* latine – e non in tutte presente – è infine una terza parte a metà strada tra grammatica e retorica, in cui si tenta una sistemazione dei possibili difetti dell'elocuzione (tra i quali spiccano barbarismo e solecismo), e si giustifica l'eventuale presenza di fenomeni analoghi nei testi degli *auctores* interpretandoli come metaplasmi, figure, tropi, concessi ai "poeti" ma ad essi riservati».**

io non abbia diffinito la Gramatica, come hanno fatto molti altri; perciocchè a noi pare (il che sia detto non per arroganza, ma per dire liberamente l'animo nostro) che pochi siano stati coloro, i quali abbiano saputo, o che sia, o in qual modo si debba insegnare la Gramatica[110]".

Ci aspetteremmo secondo la prassi tipica delle opere linguistico-grammaticali del periodo umanistico che nella parte introduttiva siano esplicitate le fonti[111], per rendere quanto detto filologicamente corretto e 'credibile' agli occhi della comunità accademica dell'epoca; in questo frammento, infatti, si fa riferimento implicitamente ad una prassi consolidata basata sulle letture di autori quali Virgilio, Quintiliano, Aristotele e di grammatici medievali. Questo tipo di operazione avviene, a mio avviso, per due ordini di ragioni: per l'incompiutezza dell'opera non soggetta a revisione da parte dell'autore e/o per una perfetta adesione al modello tardoantico, in cui le fonti sono espresse come citazioni (mai nella prefazione o nell'introduzione[112]).

Il Varchi conosceva bene la prassi scolastica a lui contemporanea e prediligeva il ritorno ai testi e ai modelli culturali classici, in perfetta sintonia con gli ideali tipici del pensiero umanistico[113]. Da un primo confronto testuale con le testimonianze grammaticali pervenuteci dalla Tarda Antichità, e in particolar modo faccio riferimento all'opera di Donato e dei suoi *seguaci*[114], appare incredibile la perfetta

---

110   Clasio 1807, vol. IV, 11.

111   Barwick 1922, 223-229.

112   Cfr. Pfeiffer 1976, 124-129.

113   Cfr. il pur datato contributo, punto di riferimento per gli studi di questo settore, di Seigel 1968, 212.

114   Confrontando stile e contenuto fra il testo del Varchi e le opere conservate del *grammaticus* Donato è innegabile la parentela fra i

corrispondenza sia contenutistica che strutturale; dunque, la tanto decantata 'originalità' del Varchi non riguarda la scoperta di una nuova strategia didattica bensì un ritorno alla prassi scolastico-grammaticale tardoantica, tanto ricercata dagli intellettuali umanistici[115].

Prima di concludere quest'analisi, mi preme far riferimento, se pur brevemente, ad una corrente di studi sulle opere grammaticali tardoantiche, emersa intorno agli anni '60 del secolo scorso, che ha come oggetto di riflessione l'utilizzo di esempi (in realtà più correttamente bisognerebbe definirli vere e proprie citazioni), tratti da autori classici per la spiegazione di una regola grammaticale

---

due testi; questo tipo di dipendenza tra la grammatica di Donato e coloro che a lui si ispiravano è documentabile per le epoche successive, tant'è vero che abbiamo una serie di opere compilative di grammatica pervenute col suo nome; per questo fenomeno, cfr. Barthes 2000, 37-38: «La fortuna di Donato è enorme… alcune sue pagine furono fra le prime ad essere stampate, alla pari delle Scritture; egli ha dato il suo nome a dei trattati elementari di grammatica, i *donati*; e non è, forse, azzardato ipotizzare che nel caso della grammatica del Varchi ci troviamo di fronte ad una ideale prosecuzione di questa prassi.

115   Fera 1999, 535: «La *lectura* dei classici nella scuola costituì sempre, come già nelle epoche precedenti, il punto di forza di tutti i programmi proposti: una minuta, paziente, articolata *expositio* dei testi, illustrati in tutti gli aspetti, organizzata per strati, da quello grammaticale, stilistico, retorico, storico, ecc., una *expositio* che rispetto al *commentarium* assumeva i tratti di una *explanatio* meno ufficiale e più attenta ai particolari, anche i più insignificanti, che per ovvie ragioni non potevano trovare spazio in trattazioni scientifiche più rigorose. Le *expositiones* dei professori più famosi circolavano in dispense *per universam Italiam*: uno dei tramiti più rigidi e meno controllabili non solo della diffusione dei testi, ma anche delle connesse interpretazioni e discussioni. Le *recollectae* esercitarono un notevole influsso nella storia della filologia…».

quale procedimento tipico della prassi didattica di epoca tarda[116]. Questa corrente di studi ha lo scopo di dimostrare che la presenza di tassonomie e di elenchi di esempi (in particolare riguardanti gli *errores*) nelle opere pervenuteci sono lo specchio dell'evoluzione linguistica prodotta dal trascorrere del tempo[117], causata soprattutto dai cambiamenti epocali che interessarono la Tarda Antichità[118].

Quest'analisi si incardina su due postulati pedagogici: secondo il primo postulato, i grammatici utilizzano gli esempi per spiegare le regole grammaticali, cioè, per rendere chiara una regola, mostrano la sua applicazione pratica; per il secondo postulato, nei testi grammaticali esiste la **ripetitività** o **ricorsività** degli esempi; questa è causata dalla possibilità che i grammatici hanno di scegliere esempi differenti nei loro manuali, per tanto per non sbagliare nella scelta dell'esempio più rappresentativo, si usano gli stessi esempi per non incorrere in parole ambigue e non-regolari[119]. Per quest'ultima ragione, Vainio afferma che in antichità la tradizione grammaticale era conservativa; infatti, nei vari testi si ripetono gli stessi esempi, che possono assumere la forma o di singole parole o di intere frasi tratte dai classici o dagli autori letti a scuola[120].

---

116   In particolare soffermo la mia attenzione sull'articolo di Vainio 2000, 30-48, in cui è possibile leggere il punto della situazione sugli studi compiuti.

117   Law 1987, 191-204.

118   Vainio 2000, 46: «*The grammarians see the need for examples, especially in connection with doubtful cases and linguistic errors. The study of examples, partycurarly those concerning errors, can illuminate linguistic changes which are happening over the course of time*».

119   *Ibidem*, 30-31.

Tra i testi, le testimonianze e le fonti a nostra disposizione appare chiaro che Varrone è in ambito latino il primo autore che fonda una teoria didattica della grammatica, fissando i punti principali delle regole e degli esempi; tale prassi ha successo e si consolida a tal punto che passa attraverso Quintiliano retore. La svolta, secondo la testimonianza di Svetonio, si ebbe con il grammatico Cecilio Epirota[121] che introdusse l'uso di esempi tratti da Virgilio, oscurando da questo momento in poi l'uso di Ennio nelle citazioni grammaticali[122].

Questi studi hanno avvalorato la tesi di Lindsay[123], secondo la quale i testi dei grammatici non hanno valore intrinseco per gli studi linguistici e di evoluzione della lingua (dall'età classica a quella Tardoantica), ma sono la 'cartina al tornasole' per gli studi di filologia e di tradizione dei testi nella misura in cui in alcuni casi questi ultimi sono stati fonte unica della tradizione indiretta per la presenza di

---

120   *Ibid.*, 30.

121   Svet., *Gramm.* 16, Vainio 2000, 31-32 e Zetzel 1981, 27-30; la sopravvivenza sporadica di Ennio nei testi grammaticali successivi testimonia lo straordinario successo nel periodo precedente e l'imprescindibile valore culturale della sua opera e la sua vittoria sull'oblio.

122   Vainio 2000, 32: «*Immidiately after that, it seems, grammatical examples also began to be drawn from the new school author. Later the author's name also came into use as an example. It seems to be given for the first time by Charisius (4th c.; GL 1,84,1 ut Vergilius Teucrus et Evandrus) and is used quite often by Priscian (6th c.; e.g. GL 2,187,6-7): ut 'Vergilius nominor' vel 'sum', 'Vergilius nominatur' vel 'est'. The examples which derive from a literary work are often from beginning, or from the beginning of its separate books, as if a grammarian had started to resd from the beginning in search of a suitable example – which is what he probably did*».

123   Lindsay 1916, 31-41.

citazioni di autori le cui opere talvolta non ci sono pervenute; sempre grazie alla presenza di queste citazioni esemplificative, infine, sottolinea Lindsay, si può scorgere la prova della fortuna di alcuni autori in ambito scolastico e nei 'circoli' culturali e, dunque, della reale esistenza di un canone.

Dopo aver affrontato queste problematiche fondamentali circa la presenza e la valenza delle citazioni nei testi tardoantichi, il Vainio si sofferma sul caso particolare, dell'uso di citazioni per esemplificare i *vitia* di barbarismo e solecismo, e a questo proposito riporto le sue considerazioni: «Un'area speciale in cui un grammatico può preferire nuovi esempi è quella degli errori linguistici, mi riferisco al barbarismo e al solecismo. **La linea di demarcazione tra linguaggio corretto e non corretto è spesso confusa e, casi che sono soggetti a diverse interpretazioni tendono ad essere descritti con un esempio**[124]. Secondo la testimonianza di Quintiliano[125], un formatore potrebbe talvolta inventare gli esempi autonomamente, ma è prassi degli esempi grammaticali la loro estrapolazione dalla letteratura o dal linguaggio colloquiale. Per quanto riguarda l'uso degli esempi in poesia in connessione sempre col vizio del barbarismo, Consenzio, che visse nel V secolo in Gallia, si discosta dagli altri grammatici. Egli scrisse un trattato sui barbarismi e i Metaplasmi, *ars de barbarismus et metaplasmis*, che è il più ampio manuale che ci è pervenuto su questo argomento. **Il**

---

124   Questo è a mio avviso il 'nocciolo' della questione e di tutte le riflessioni su questo argomento; con queste poche righe l'autore mette in luce le difficoltà di questo tema e le *quaestiones* sempre aperte di difficile definizione, cfr. Cipriani 2001, 25-42.

125   Quint., *Inst.*, I, 5, 10.

barbarismo è un errore prodotto in una sola parola – è cioè un errore di ortografia o di pronuncia, un metaplasmo nasce nello stesso modo, ma in poesia, e in realtà non è considerato come un errore ma come una virtù, come una *figura*. I grammatici spiegano che un poeta ha il diritto di commettere questo particolare tipo di barbarismo, che ha poi ricevuto l'etichetta di metaplasmo. Questo perché in poesia ci sono ragioni – metriche per esempio, o artistiche - che giustificano questo tipo di linguaggio... anche Quintiliano sottolinea questa contraddizione[126], cioè egli rimprovera agli insegnanti di far uso di esempi tratti dalla poesie per vantarsi della loro formazione e, allo stesso tempo attaccano quegli stessi autori che hanno citato per descrivere un errore. Ma Consenzio è profondamente consapevole di questo problema, e consiglia di non utilizzare gli stessi esempi per il metaplasmo e il barbarismo. Una questione interessante sarebbe vedere se egli stesso ha seguito questo consiglio[127]...».

---

126 Quint., *Inst.*, I, 5, 11.

127 Fornisco la mia traduzione dell'estratto citato da Vainio 2000, 37-39: «*A special area in which a grammarian may prefer new examples is that of linguistic errors, barbarism and solecism. The borderline between correct and incorrect language is often fuzzy and cases which are open to various interpretations tend to be commented upon with an example. According to Quintilian, a teacher could sometimes invent the examples himself, but it is characteristic of the grammatical examples that they were real ones that existed in literature or in colloquial speech. As for the use of the poetic examples in connection with barbarisms, Consentius, who lived in the fifth century in Gaul, diverges from the other grammarians. He wrote a treatise on barbarism and metaplasm, ars de barbarismus et metaplasmis, which is the largest we have on this subjects. A barbarism is an error made in a single word – in practice it means an error in spelling or in pronunciation; a metaplasm arises in the very same way but in poetry, and it is not regarded as an error but as a virtue, as a figure. The grammarians explain that a poet had a right to commit a kind of barbarism, but then it was*

Sulla scorta di queste riflessioni, possiamo concludere, dunque, che ciò che ha spinto grammatici antichi e commentatori moderni a focalizzare la loro attenzione sul barbarismo e sul solecismo è l'eterna aspirazione a voler fugare i difetti della comunicazione. Il caso del barbarismo, inoltre, pone una serie di problemi proprio a causa della sua eccezione poetica; in altre parole, se bisogna fugare il barbarismo in quanto vizio del discorso, la figura retorica del metaplasmo, suo corrispettivo, viene tollerato in quanto licenza poetica. Se, come abbiamo dimostrato finora, esisteva un dibattito acceso sull'argomento a causa dell'uso scolastico talvolta fuorviante degli stessi esempi per barbarismo e metaplasmo, se gli stessi insegnanti erano disorientati nella comprensione dell'uno e dell'altro caso, allora la questione in termini di trasmissione delle conoscenze diventa complessa.

---

called a metaplasm instead. In poetry there are reasons – metrical for instance, or artistic – which justify this kind of abuse of language... Quintilian also suggest this contradiction as he reprimands those teachers who use poetic examples for as it were boasting of their learning when they attack the authors whom they are expounding. But Consentius is deeply aware of this problem, and he advises against using the same examples for metaplasm and barbarism. An interesting question here is whether he has followed his own advice...».

ALCUNI CASI DI *VITIA ELOCUTIONIS*

Gli antichi grammatici consideravano la *grammatica* come un sistema di norme indispensabile al raggiungimento della **'precisione' linguistica**, un traguardo, quest'ultimo, definito *puritas*. La *puritas* è una *virtus* grammaticale in senso stretto, che ha uno scopo prioritario da raggiungere, ossia la correttezza idiomatica connessa al successo comunicativo[128]. La trasgressione di questa categoria è considerata *vitium*, un accidente, questo, che si può manifestare o per difetto (barbarismi e solecismi) o per eccesso[129]. Ai vizi e alle virtù

---

128   Lausberg 1969, 69.

129   *Ibidem*, 71-72: «Queste mancanze contro la *puritas* possono manifestarsi come licenza. Poiché le lezioni di grammatica comprendevano la lettura di testi di ri-uso documentati dalla tradizione letteraria come patrimonio educativo e poiché questi testi di ri-uso derivavano spesso da un diverso ambiente sociale, discepoli e maestri notavano le numerose deviazioni che questi testi di ri-uso contenevano in rapporto all'uso della lingua insegnata nelle lezioni di grammatica normativa. I maestri spiegavano queste deviazioni come *licentia poetica*, giustificata dall'*auctoritas* del poeta o dello scrittore: i barbarismi e i solecismi considerati come errori se commessi dallo scolaro, alla lettura

dell'elocuzione nei manuali medievali sono riservati spazi variabili a seconda della trattazione di fenomeni linguistici; tali scelte 'spaziali' sono diretta conseguenza del grado di importanza che gli autori di grammatiche danno agli aspetti stilistici nella costruzione dell'apprendimento linguistico.

La critica testuale su queste tematiche appare concorde nell'individuare nelle definizioni di Donato contenute nell'*Ars Maior* i modelli su cui si è costruita tutta la tradizione testuale successiva[130]; per questa ragione propongo la lettura del testo di Donato, limitatamente alla trattazione del barbarismo, una trattazione che ha ispirato i grammatici successivi:

*"de **barbarismo**: barbarismus est una pars orationis uitiosa in communi sermone. in poemate metaplasmus, itemque in nostra loquella barbarismus, in peregina barbarolexis dicitur, ut si quis dicat mastruga, cateia, magalia. barbarismus fit duobus modis, pronuntiatione et scripto. his bipertitis quattuor species subponuntur, adiectio, detractio, inmutatio, transmutatio, litterae syllabae temporis toni adspirationis. per adiectionem litterae fiunt barbarismi, sicut «relliquias Danaum», cum reliquias per unum l dicere debeamus; syllabae, ut «nos abiisse rati» pro abisse; temporis, ut «Italiam fato profugus», cum Italiam correpta prima littera dicere debeamus. Per detractionem litterae, sicut «infantibu paruis» pro infantibus; syllabae, ut salmentum pro salsamentum; temporis, ut «unius ob noxam» pro unius. (654) per inmutationem litterae, sicut olli pro illi; syllabae, ut permities pro pernicies; temporis, ut «feruere Leucaten», cum feruere sit secundae coniugationis et producte dici debeat. per transmutationem*

di autori noti dovevano essere riconosciuti come metaplasmi, tropi e figure grammaticali, giustificati addirittura ammirati come *virtus*».

130   Cervani 1984, 398-400.

litterae, sicut Euandre pro Euander; syllabae, ut displicina pro disciplina; temporis, ut si quis deos producta priore syllaba et correpta posteriore pronuntiet. toni quoque similiter per has quattuor species conmutantur: nam et ipsi adiciuntur detrahuntur inmutantur transmutantur. quorum exempla ultro se offerent, si quis inquirat. totidem modis etiam per adspirationem deprehenditur barbarismus, quem quidam scripto, quidam pronuntiationi iudicant adscribendum, propter h scilicet, quam alii litteram, alii adspirationis notam putant. fiunt etiam barbarismi per hiatus. sunt etiam malae compositiones, id est cacosyntheta, quas nonnulli barbarismos putant, in quibus sunt mytacismi, labdacismi, iotacismi, hiatus, conlisiones et omnia, quae plus aequo minusue sonantia ab eruditis (655) auribus respuuntur. nos cauenda haec uitia praelocuti controuersiam de nomine pertinacibus relinquimus[131].

Il testo completo dell'*Ars Maior*[132] in realtà si estende per molte pagine, poiché oltre al barbarismo e solecismo affronta anche l'analisi degli altri *vitia: cum barbarismo et soloecismo uitia duodecim numerantur hoc modo: barbarismus, soloecismus, acyrologia, cacemphaton, pleonasmos, perissologia, macrologia, tautologia, eclipsis, tapinosis, cacosyntheton, amphibolia* (658 H). Per poter formulare alcune considerazioni su questo complesso tema ho selezionato tutti i testi medievali in cui questi *vitia* sono stati trattati:

OPERA COMPLETA	CAPITOLO IN CUI SONO ESPOSTI I *VITIA*

---

131 Donato, *Ars Minor*, Ed. Holtz 1981, 653-655 = GL. 4, 395 – 397.

132 Donato, *Ars Minor*, Ed. Holtz 1981, 653-674 = GL. 4, 395 – 402.

Donati ars maior : ed. L. Holtz 1981, 603-674 (= GL 4,367-402)	*de uitiis et uirtutibus orationis* : 653,1-674,10 H
Audacis excerpta de Scauro et Palladio : GL 7,320-361,12	*de uitiis et uirtutibus orationis* : 7,361,13-362,21
Augustini ars breuiata : GL 5,494-496,12	*de uitiis et uirtutibus orationis* : 5,496,6-12
Charisii ars : ed. K. Barwick 1964² (= GL 1,1-296)	*de uitiis et uirtutibus orationis* : 349,16-371,28 B
Cledonii ars : GL 5,9-79	*de uitiis et uirtutibus orationis* : 5,79,19-22
Consentius de barbarismis et metaplasmis : ed. M. Niedermann 1937, 1-32 (= GL 5,386-404)	*de uitiis et uirtutibus orationis* : 1,3-22,18 N
Diomedis ars : GL 1,299-52	*de uitiis et uirtutibus orationis* : 1,440,27-464,24
Iuliani Toletani ars : ed. M. Maestre Yenes 1973 (= GL 5,317-324)	*de uitiis et uirtutibus orationis* : 179,1-221,470 Y
Pompeius in artem Donati : GL 5,95-312	*de uitiis et uirtutibus orationis* : 5,283,1-312,16
*Sacerdotis arte*s : GL 6,427-546	*de uitiis et uirtutibus orationis* : 6,448,1-470,22
[Sergii] explanationes in artes	*de uitiis et uirtutibus orationis* :

Donati : GL 4,486-565	4,563,1-564,25
Seruius in Donati artem maiorem : GL 4,421-448	*de uitiis et uirtutibus orationis* : 4,443,28-448,17
frg. Monacense de barbarismo : GL 5,327,2-30	*de uitiis et uirtutibus orationis* : 5,327,2-30
[Victorinus] de soloecismo et barbarismo = Palladius : ed. M. Niedermann 1937, 32-37(= GL 5,327,32-328,10)	*de uitiis et uirtutibus orationis* : 32,22-37,5 N

È opinione diffusa[133] (e sostenuta tramite la collazione delle testimonianze in elenco) che Donato con la trattazione del barbarismo e del solecismo abbia voluto completare la prima *editio* della sua opera. Secondo Donato, che nel frangente si riallaccia alla dottrina quintilianea[134], il

---

133   Cfr. Coletti 1983, 71, a proposito della trattazione dei *vitia* da parte di grammatici medievali di area francese: «Sedulio fa precedere la trattazione vera e propria del barbarismo da una breve introduzione in cui viene lodato Donato per avere posto la dottrina *de uitiis atque uirtutibus partium orationis* dopo l'esposizione delle regole grammaticali relative alle medesime parti del discorso: egli fornisce sùbito una prima indicazione sul barbarismo (*quod in singularum partium orationis uitiosa prolatione accidere cognoscitur*) e sul solecismo (*quod in contextu partium orationis inesse deprehenditur*) notandone, più che la natura, il posto della frase in cui essi si manifestano e dove quindi devono essere identificati. Questa parte iniziale di Sedulio sembra non avere riscontri nella tradizione grammaticale, e appare come una sua caratteristica peculiare l'uso di premettere brevi introduzioni ai tre libri».

134   Il *De barbarismis* di Quintiliano si estende per diciassette capitoli (Quint. *Inst.*, I, 5, 5-21). Ne riporto per comodità i passi salienti:

barbarismo è quel *vitium* del discorso che può riguardare sia la produzione scritta che orale e che compare nella lingua latina nei testi in prosa (in poesia il *vitium* assume il nome di metaplasmo). Se il medesimo difetto del discorso appare attraverso l'uso di lemmi di lingua straniera, esso assume il nome di *barbarolexis: barbarismus est una pars orationis uitiosa in communi sermone. in poemate metaplasmus, itemque in nostra loquella barbarismus, in peregina barbarolexis dicitur, ut si quis dicat mastruga, cateia, magalia. barbarismus fit duobus modis, pronuntiatione et scripto.* Il barbarismo può essere di quattro tipologie: 1) **per adiectionem** *litterae fiunt barbarismi, sicut «relliquias Danaum», cum reliquias per unum l dicere debeamus; syllabae, ut «nos abiisse rati» pro abisse; temporis, ut «Italiam fato*

«*5. Prima barbarismi ac soloecismi foeditas absit. Sed quia interim excusantur haec vitia aut consuetudine aut auctoritate aut vetustate aut denique vicinitate virtutum (nam saepe a figuris ea separare difficile est): ne qua tam lubrica observatio fallat, acriter se in illud tenue discrimen grammaticus intendat, de quo nos latius ibi loquemur ubi de figuris orationis tractandum erit. 6. Interim vitium quod fit in singulis verbis sit barbarismus. Occurrat mihi forsan aliquis: quid hic promisso tanti operis dignum? aut quis hoc nescit, alios barbarismos scribendo fieri, alios loquendo (quia quod male scribitur male etiam dici necesse est, quae vitiose dixeris non utique et scripto peccant), illud prius adiectione detractione inmutatione transmutatione, hoc secundum divisione complexione adspiratione sono contineri?... 8. Unum gente, quale sit si quis Afrum vel Hispanum Latinae orationi nomen inserat... 9. Alterum genus barbari accipimus quod fit animi natura, ut is a quo insolenter quid aut minaciter aut crudeliter dictum sit barbare locutus existimatur. 10. Tertium est illud vitium barbarismi, cuius exempla vulgo sunt plurima, sibi etiam quisque fingere potest, ut verbo cui libebit adiciat litteram syllabamve vel detrahat aut aliam pro alia aut eandem alio quam rectum est loco ponat. 11. Sed quidam fere in iactationem eruditionis sumere illa ex poetis solent, et auctores quos praelegunt criminantur. Scire autem debet puer haec apud scriptores carminum aut venia digna aut etiam laude duci, potiusque illa docendi erunt minus vulgata... 13. Sed in prorsa quoque est quaedam iam recepta inmutatio... 16. Absurdum forsitan videatur dicere barbarismum, quod est unius verbi vitium, fieri per numeros aut genera sicut soloecismum...*».

---

profugus», cum Italiam correpta prima littera dicere debeamus. 2) **Per detractionem** *litterae, sicut «infantibu paruis» pro infantibus; syllabae, ut salmentum pro salsamentum; temporis, ut «unius ob noxam» pro unīus.* 3) **per inmutationem** *litterae, sicut olli pro illi; syllabae, ut permities pro pernicies; temporis, ut «feruere Leucaten», cum feruere sit secundae coniugationis et producte dici debeat.* 4) **per transmutationem** *litterae, sicut Euandre pro Euander; syllabae, ut displicina pro disciplina; temporis, ut si quis deos producta priore syllaba et correpta posteriore pronuntiet.* Queste quattro tipologie si riferiscono a casi di testi scritti, nella seconda parte del paragrafo; le stesse categorie sono applicate da Donato ad altrettanti casi del linguaggio parlato.

Leggendo le testimonianze degli altri grammatici[135] possiamo osservare quanto segue: la testimonianza di *Audacis excerpta de Scauro et Palladio* (GL 7,361,13-362,21) è perfettamente sovrapponibile a quella presente in Donato; l'unica variante è la maniera di definire la parte del discorso in cui compare il *vitium*. Una tale parte infatti non è più *vitiosa*, ma *corrupta*[136]. Agostino nell'*ars breuiata* (GL 5,496,6-12) si limita a definire il barbarismo[137]. La *Charisii ars*

---

135   Coletti 1983, 69: «In greco si conoscono il Περὶ σολοιχιασμου attribuito ad Erodiano (sec. II d.C.), l'opuscolo Περὶ βαρβαρισμου χαὶ σολοιχισμου di un non meglio identificato Polibio (discepolo di Erodiano?), un'operetta anonima dallo stesso titolo e, fra i testi pubblicati dal Valckenaer in appendice alla sua edizione di Ammonio, quattro operette sul barbarismo e il solecismo».

136   Questa variante compare anche in Agostino e Carisio.

137   Cfr. Aug., *Ars Breviata, de uitiis et uirtutibus orationis,* 5,496,6-12: *«de barbarismo. barbarismus quid est? sermo uitiose corruptus. quot modis fit? quattuor ut soloecismus, adiectione detractione transmutatione inmutatione. sed soloecismus adicit detrahit transmutat inmutat uel partes orationis uel accidentia partibus orationis, barbarismus adicit detrahit transmutat inmutat litteras syllabas tempora adspirationes accentus. adiectione litterae».*

(349,16-371,28 B) è una trattazione organica del barbarismo, accompagnata dalla definizione ed esemplificazione del metaplasmo: d'altronde, è il testo grammaticale in cui è possibile riscontrare il maggior numero di citazioni d'autore. Nell'opera di Cledonio la trattazione del barbarismo è tramandata attraverso un frammento[138], in cui si legge soltanto un elenco di *vitia:* ben poca cosa rispetto all'opera di Consenzio, che appare come l'elaborazione più esaustiva e completa sul tema. Giuliano Toletano, invece, nella sua *ars*[139] rimane fedelissimo alle definizioni di Quintiliano e Donato, arricchendole con una serie innumerevole di esempi. Completamente differente rispetto a tutte le altre opere finora analizzate è quella del grammatico Pompeo (*Pompeius in artem Donati,* GL 5,283,1-312,16) che fornisce una definizione contrastiva del barbarismo, ponendolo a confronto con tutti gli altri *vitia* secondo il metodo donatiano delle domande-risposte. L'analisi del barbarismo nell'opera di Sacerdote (*Sacerdotis arte*s, GL 6,448,1-470,22) è relegata a mero esempio all'interno di un più ampio capitolo sui difetti del linguaggio: esso non soltanto ricalca la struttura quadripartita delle tipologie di barbarismo proposte da Donato, ma le raddoppia considerandole sia per i testi scritti che parlati[140]. Ancora, il *grammaticus* Sergius

---

138   *Cledonii ars,* GL 5,9-79: «*de barbarismo |barbarismus est una pars orationis: uitia orationis sunt |duodecim, barbarismus soloecismus acyrologia cacenfaton pleonasmos |perissologia macrologia tautologia ellipsis tapinosis cacosyntheton**».

139   Toletano, *ars grammatica,* ed. M. Maestre Yenes 1973, 179,1-221,470.

140   In questo modo, come si evince dal brano, le tipologie di barbarismo sono otto, non quattro come le propone Donato: «*de* **barbarismo***: barbarismus est uitiosa dictio unius uerbi, qui fit modis octo: per*

lo descrive lapidariamente ponendolo in rapporto al solecismo: «*de soloecismo: soloecismus est oratio inordinatis dictionibus instructa contra rectam loquendi consuetudinem. inter barbarismum et soloecismum hoc interest, quod barbarismus in singulis uerbis fit et in quocumque ordine contra morem Latinitatis*[141]»; di diversa natura è la definizione di Servius, che ne fornisce una 'romantica' versione antiquaria in aggiunta alla canonica ripartizione donatiana[142]. Il testo, riportato dal *frg. Monacense de barbarismo* (GL 5,327,2-30), si limita a commentare il testo di Donato. A sua volta il grammatico Vittorino (*[Victorinus] de soloecismo et barbarismo* = *Palladius,* ed. M. Niedermann 1937, 32,22-37,5 N) non si discosta dal modello donatiano e si limita a fornire spiegazioni sul tema attraverso l'abusato schema delle domande-risposte.

---

productionem, ac si dicas pērnix <et> per produceas, quae correpta est: per correptionem, stetĕrunt te correpta, quae longa est: per aspirationem, ac si dicas hora uultus, cum ora debeant dici: per lenitatem, ac si dicas oram tempus diei, cum horam debeas dicere: per immutationem litterarum, ac si dicas ohminem pro hominem: per accentum, ac si dicas iste <et> te acuas, cum is debeas: per immutationem loquellarum, ac si Graecum nomen Latine dicas uel Latinum nomen Graece scribas uel dicas, ut puta si philosophum per f scribas, cum per p et h scribere debeas, uel si felix scribas per p et h, cum f ratio exigat: per immutationem accentuum, ac si dicas Cērēs Ce longa, cum breuis sit, et res breui, cum sit longa. haec uitia, cum dicuntur, barbarismi sunt; cum scribuntur, barbarolexis; et cum dicuntur a nobis, uitia sunt, <cum> a poetis, metaplasmi. inter barbarismum et soloecismum hoc est, quod soloecismus Latinus est sermo peruersus, barbarismus uero nullam Latini sermonis continet rationem, et quod soloecismus pluribus partibus orationis fit, barbarismus una; quamuis et soloecismus potest interdum una parte orationis fieri, ac si dicas uni habete. inter figuram et metaplasmum hoc est, quod figura uirtus est ueniens ex soloecismo, metaplasmus uero ueniens de barbarismo, de quibus mixte tractabimus».

141   *[Sergii] explanationes in artes Donati,* GL 4,563,1-564,25.

142   *Seruius in Donati artem maiorem,* GL 4,443,28-448,17.

Da queste riflessioni, come è palese, mancano quelle relative al testo di Diomede, sul quale mi soffermo più dettagliatamente fornendo una mia traduzione del brano (*de uitiis et uirtutibus orationis* , GL 1, 440,27- 464,24):

"de barbarismo: *barbarismus est dictio uitiosa. est autem definitio generalis et │specialis. sed quoniam dictio et contexta oratio et una pars eius intellegitur, │et quia consuetudo hunc tantum barbarismum appellat qui fit in una parte │orationis, aptius tamen hac utemur definitione [barbarismus est contra │Romani sermonis legem aut scripta aut pronuntiata uitiose dictio], │barbarismus est enuntiatione uel scripto una pars orationis corrupta ac per hoc │non Latina. sed hoc uitium in soluta oratione nomen suum retinet, │ceterum apud poetas metaplasmus uocatur, soloecismus autem schema. │barbarismus est barbaros lexis, id est barbara dictio. sed hoc uitium inter se │differt, quod barbarismus in Latina dictione fit, barbaros autem lexis tota │peregrina dictio. barbarismus fit modis principalibus quattuor, adiectione │detractione mutatione transmutatione. adiectionis species sunt quattuor, │[aut] per adiectionem temporis siue productionem, per adiectionem litterae, │0452│ per adiectionem syllabae, per adiectionem adspirationis. adiectione │temporis siue productione fit hoc modo, ut │«Italiam fato profugus»; │i enim prima syllaba cum corripi debeat, producta est, id est, cum │habere debeat tempus unum, habet duo: adiectione litterae, ut siquis │relliquias geminata l littera pronuntiet, ut │«relliquias Danaum»: │adiectione syllabae, cum dicimus Mauors pro Mars et tetuli pro tuli, ut │«Mauortis in antro», │et │«numquam huc tetulissem pedem», │item «alituum» pro alitum: adiectione adspirationis; hoc et scripto et sono │proditur, ut cum dicimus choronam cum adspiratione, cum debeat leuiter │pronuntiari; item hemo pro emo. detractionis species sunt aeque quattuor, │detractione temporis litterae syllabae adspirationis: temporis, ut siquis │dicat feruere correpte, cum produci debeat media syllaba, ut «feruere │Leucaten»; litterae, ut si detracta a littera pretor dicamus, ut Lucilius*

|*«pretor ne rusticus fiat»*, |*cum debeat* ae *pronuntiari*, praetor [sed
structurae gratia syllaba longa |*corripitur]*; syllabae, ut siquis temnere
dicat pro contemnere, ut Vergilius |*«et non temnere diuos»*;
|*adspirationis, ut siquis dicat* omo *sine adspiratione, cum debeat*
aspere |*pronuntiari.* hae autem species inueniuntur locis tribus, in
prima parte |dictionis, in media, in nouissima: in parte prima fit per
aphaeresin, id |est detractionem, ut linque pro relinque; in media per
syncopen, id est |concisionem, ut nantes pro natantes; <in> nouissima
per apocopen, id est |abscisionem, ut uolup pro uoluptate, et ut si
accusatiuo sine m littera |domu dixeris. per parallagen, id est
mutatione litterae, si litteram aliam |pro alia pronuntiemus, ut
aruenire pro aduenire. transmutatione, cum in |eadem dictione
conmutatis inter se litteris utamur, ut leriquias si per l |litteram
pronuntiemus, cum debeat per r prima syllaba dici, reliquiae; |item
lerigionem similiter pro religione mutatis r et l litteris; eodem modo
|0453| tanpister pro tantisper. per ecthlipsin quoque, id est per unius
litterae |elisionem, ut repsitum pro repositum. |sunt praeterea
pronuntiationis quaedam uitia, quae non nulli |barbarismos putant,
iotacismi labdacismi myotacismi hiatus conlisiones et omnia |quae plus
aequo minusue sonantia ab eruditis auribus respuuntur. haec |uitia
praelocuti controuersiam de nomine pertinacibus relinquimus.
|iotacismi sunt cum i littera supra iustum decorem in distinctionibus
extenditur. |labdacismi similiter, si lucem prima syllaba uel almam
nimium plene |pronuntiemus. myotacismi quoque sunt cum in fine
partis orationis inuenitur |m littera et incipiat sequens a uocali quae
non sit loco consonantis posita. |haec enim scribitur quidem, non
autem enuntiatur, ut «quousque |tandem abutere». tunc autem
pronuntiamus m litteram, cum sequitur |uocalis loco consonantis
posita, ut est |«cum Iuno aeternum s(eruans) s(ub) p(ectore) u(ulnus)».
|distinctio quoque, quae separat uerba, ut est |«dum conderet urbem
/ |inferretque d(eos) L(atio)». |quae pronuntiatio seruanda, ne sit
barbarismus, non in scriptura sed in |sermone, si enuntiata fuerit.

Scrive Diomede a proposito del barbarismo: "Il barbarismo è un discorso difettoso. D'altra parte questa è una definizione di carattere generale e specifica. Ma dal momento che per *dictio* si intende sia un discorso continuo (frase) che una sola parola, e poiché è consuetudine chiamare barbarismo soltanto quello prodotto in una parola, è più opportuno che usiamo questa definizione: [barbarismo è una espressione scritta o parlata in modo difettoso che trasgredisce le norme della lingua romana] il barbarismo è una parola *corrupta* sia nel linguaggio parlato che in quello scritto e per questo non Latina. Questo difetto nella prosa conserva la sua denominazione, tuttavia presso i poeti è chiamato metaplasmo, solecismo invece una figura (schema). Il barbarismo è una parola straniera, è una locuzione barbara. Ma questo difetto distingue al suo interno il barbarismo prodotto nella locuzione latina anche dalla scrittura barbara quale si trova in tutte le espressioni che vengono da fuori. Il barbarismo si verifica in quattro principali modi, per aggiunta, per sottrazione (ellissi), per mutamento e trasposizione (metatesi). Sono di quattro tipi le aggiunte, [ovvero] l'aggiunta della durata del tempo ossia per prolungamento, l'aggiunta di lettere, l'aggiunta di sillabe, l'aggiunta di aspirazione. Nel caso dell'aggiunta della durata il barbarismo si verifica in questo modo, come in *Italiam fato profugus*; infatti la prima vocale *i* dovendo essere breve, è così allungata, dovendo avere una durata invece la raddoppia; l'aggiunta di lettere: come se qualcuno pronunci *relliquias* con una lettera doppia (ripetuta), come in *relliquias Danaum*; l'aggiunta di sillabe, come quando diciamo *Mavors* invece di *Mars* e *tetuli* invece di *tuli*, come in *Mavortis in antro*, e *numquam huc tetulissem pedem*, così pure *alituum* invece di *alitum*; l'aggiunta di aspirazione, questa è allungata sia nello scritto che con la voce, come quando diciamo *choronam* con l'aspirazione, dovendo essere pronunciata invece dolcemente, così pure *hemo* invece di *emo*. Parimenti sono quattro i tipi di sottrazione: per sottrazione di tempi, di lettere, di sillabe e di aspirazione. Sottrazione di durata di tempi, come se qualcuno, dovendo essere allungata la sillaba centrale, dica *fervere* con la breve, come in *fervere Leucaten*; di lettere, come se dalla lettera tolta diciamo *pretor*, come in *Lucilius pretor ne rusticus fiat*, dovendo invece pronunciare *ae*, ossia *praetor* [ma la sillaba lunga è abbreviata per la grazia (l'armonia) della struttura]; di sillabe, come se qualcuno dica *temnere* invece di *contemnere*, come in *Vergilius et non temnere divos*; di aspirazione, come se qualcuno dica *omo* senza aspirazione, dovendo essere invece pronunciato aspramente. D'altra parte queste si rinvengono in tre distinte posizioni, nella prima parte, nel mezzo e nell'ultima parte della parola: nella parte iniziale si verifica per aferesi, e questa è una sottrazione, come *linque* invece di *relinque*; nel mezzo per sincope, e questo è uno smembramento, come *nantes* invece di *natantes*; nella parte finale per apocope, e questa è una recisione, come *volup* invece di *voluptate*, e come se dicessimo l'accusativo senza la lettera m, *domu*. Per <*par*>*allage*, questo fenomeno è dovuto alla mutazione della lettera, pronunciamo *aliam* invece di *alia*, come *arvenire* invece di *advenire*. Per trasposizione, quando nella stessa parola usiamo al suo interno lettere mutate, come se pronunciamo come prima lettera *leriquias*, dovendo invece essere detta come prima lettera la r, *reliquiae*; così parimenti con le lettere mutate r ed l *lerigionem* invece di *religione*; allo stesso modo *tanpister* invece di *tantisper*. Anche per ectlipsi, come *repsitum* invece di *repositum*, questa è per elisione di una lettera. Inoltre, ci sono alcuni difetti di pronuncia, che alcuni considerano barbarismi, iotacismi, labdacismi, myotacismi, iati, elisioni e tutti quelli che più, con lo stessa o minore sonorità sono rifiutati dalle orecchie degli eruditi. Fatta una premessa su questi difetti tralasciamo la disputa da parte di quanti sono 'integralisti' sul tema della nomenclatura. Iotacismi si hanno quando la lettera i si allunga al di là del giusto decoro nei periodi; labdacismi allo stesso modo, se pronunciamo pienamente la prima sillaba di *lucem* o eccessivamente di alma. Anche i Myotacismi si hanno quando alla fine di una parola si trova la lettera m e la parola seguente comincia per vocale che non è opportunamente collocata dopo la consonante. Questa infatti è scritta, mentre non è pronunciata, come *quousque tandem abutere*. Allora, al contrario, pronunciamo la lettera m, quando è seguita da vocale collocata opportunamente dopo la consonante, come in *cum Iuno aeternum s(ervans) s(ub) p(ectore) v(olnus)*; anche il periodo che separa i verbi, come nel caso di *dum conderet urbem inferret que d(eos) L(atio)*, la cui pronuncia va conservata per non causare barbarismo, se capitasse di doverlo leggere non in uno scritto ma in un discorso".

Colpisce che nel testo proposto non compaia nessuna citazione esplicita a Donato pur essendo la principale fonte seguita in tutti i testi e, non compaia neppure alcuna notazione di carattere etimologico[143]; è presente, invece, la definizione del fenomeno linguistico, il confronto delle varie posizioni sul tema e l'esemplificazione delle varie tipologie attraverso le citazioni di testi poetici o in prosa.

La trattazione del barbarismo, inserita come abbiamo osservato all'interno di formulazioni sistematiche dei fenomeni linguistici, assume nel corso del Medioevo una

---

143   Scelta strana questa per Diomede che, invece, per il solecismo proporrà tre ipotesi etimologiche differenti (GL 1, 443 - 449).

---

peculiare carica di significati dovuti ad un'evoluzione simbolica del concetto stesso *barbarus*: il barbarismo *denuncia* secondo i grammatici la presenza di parole straniere all'interno della purissima lingua latina (ad es. *Appellatus autem barbarismus a barbaris gentibus, dum Latinae orationis integritatem nescirent,* Isidoro 1,32,1 L.) oppure permette l'individuazione 'scientifica' di un fenomeno di meticciamento linguistico (*barbarismus autem dicitur eo quod barbari prave locuntur,* Servio, *Commentarius in Artem Donati,* IV, 444, 4 K) fortemente stigmatizzato dall'*intellighenzia* medievale[144].

_____

144   La Coletti 1983, 79-80, considera questa doppia chiave interpretativa riferendo rispettivamente per le *iuncturae barbarus/alienus* e *a barbaris gentibus,* ella, infatti, scrive: «La motivazione dell'uso del termine *barbarismus* per mezzo di un racconto, che riferisce in forma molto ingenua e sbrigativa come, dopo la conquista di tutto il mondo da parte dei Romani, questi fecero andare a Roma alcuni rappresentanti delle popolazioni sottomesse, al duplice scopo di far sì che i vinti potessero parlare con i vincitori e viceversa. A queste due motivazioni se ne aggiunge una terza di tipo 'imperialistico', cioè «affinché i posteri di quei vinti sapessero di dover restare sottomessi all'impero Romano», intendendo quindi l'imposizione del linguaggio comune come strumento di potere (la formula di MIUR «di essere sottomessi già da tempo ai Romani» fa pensare invece alla lingua come 'memoriale' dell'avvenuta conquista). Da questa situazione dei rapporti fra Romani e barbari ebbe origine la corruzione della lingua latina e si arrivò quindi alla decisione ufficiale (*decretum est*) di chiamare tale corruzione del linguaggio (*uitium* in MIUR) col termine *barbarismus,* che tutti e tre i grammatici chiariscono come *alienatio*» e «La sostanza del ragionamento è però diversa: la corruzione del linguaggio non è il risultato della incapacità di imitare esattamente il latino da parte dei barbari che dovevano apprenderlo, ma consiste nel fatto che le popolazioni assoggettate trasferirono a Roma *cum opibus suis* sia i *uitia morum* che i *uitia uerborum;* in sostanza qui la definizione di *barbarismus* non vuole indicare la deviazione dalla retta forma latina (che è il *barbarismus* vero e

Concludendo, schematicamente per *barbarolexis* si intende l'uso di parole il cui significante non appartiene alla lingua latina: *verba peregrina*, provincialismi e parole greche[145]. I barbarismi, invece rappresentano il mutamento dal punto di vista morfologico[146] della parola scritta attraverso quattro forme di cambiamento: aggiunzione o *adiectio*, sottrazione o *detractio*, sostituzione o *inmutatio* e trasposizione o *transmutatio*. Nel caso in cui il barbarismo provochi un mutamento dell'aspetto fonico della parola percepibile sostanzialmente durante l'esecuzione orale di un discorso, può avvenire in molteplici modalità: divisione di un'unica sillaba in due o *divisio*, contrazione di due sillabe in una o *complexio*, variazioni della quantità delle sillabe o *spatium/tempus*, modifiche nell'aspirazione o *adspiratio*, nell'accentazione o *accentus* e nell'emissione dei suoni o *sonus*[147]. Da un punto di vista squisitamente qualitativo, le *Artes grammaticae* possono essere lette come testimonianze archeologiche[148], scevre, cioè, da qualsiasi velleità letteraria e suggestivi strumenti di esegesi e di ricerca storica[149]. Queste

---

proprio), ma piuttosto l'introduzione di vocaboli o strutture straniere nel latino stesso».

145   Riferisce Lausberg 1969, 113-114, che a queste tre categorie devono essere aggiunti anche gli arcaismi e i neologismi.

146   Cfr. Erlebach, 1992, col. 1281 s. v. *Barbarismus*.

147   *Ibidem*.

148   Cfr. Law 1997, 15.

149   Cfr. Copeland-Sluiter 2009, 1: «*The texts brought together in this book represent the contributions of the arts of grammar and rhetoric to literary theory over the course of the Middle Ages, from late Latin antiquity to the fifteenth century. Grammar and rhetoric, the language disciplines, formed the basis of any medieval education, no matter what future career a student would want to pursue. However, given the importance of literature as the subject matter of the ars*

---

grammatiche, pur conservando valore 'storico' in quanto testi normativi e retorici sul modello greco-romano[150], rappresentano la viva testimonianza di un processo linguistico e culturale conservativo e protezionistico prodotto del mutato contesto storico-culturale. La trama profonda di questo processo intreccia la consapevolezza da parte dei grammatici del primato della Retorica in ambito educativo, tanto da riflettersi anche sulla struttura organizzativa dei manuali[151] e sulla ricerca di rigore formale, stilistico e contenutistico. Per quest'ordine di ragioni l'organizzazione delle parti costitutive della *grammatica,* non prescindendo dall'originalità compositiva degli autori, riflettono un canovaccio abbastanza rigido: tre macro-parti solitamente accompagnate da un'introduzione, un numero variabile di libri per ciascuna parte e, ogni libro articolato in brevi paragrafi[152].

La grammatica di Diomede non soltanto appare come un avanzato strumento didattico, grazie all'uso di più fonti e più

---

grammatica and the emphasis on literary form and structure in ancient rhetoric, these were also the disciplines that would prepare students for an understanding of literary language and form. It is this specific connection between grammatical and rhetorical theory and theoretical approaches to literature that is the central concern of this book. Whether one was to approach texts from the perspective of a poet or an exegete, whether the texts to be considered were secular or sacred, whether one was to compose a text or teach others how to compose, an education in the principles of grammar and rhetoric was the entryway into literary thought».

150   Mi riferisco ad Aristotele, Varrone, Quintiliano e Diogene Trace.

151   Tale struttura tripartita consta di una prima parte fonologica, una seconda morfologica e, infine, una terza dedicata ai difetti del linguaggio.

152   Non mi propongo di fornire una rigida schematizzazione, ma di sottolineare gli elementi di continuità fra i vari testi.

punti di vista grammaticali 'accreditati', ma rappresenta a vari livelli per il suo pubblico di addetti ai lavori o di discenti l'*opera omnia* del sapere grammaticale medievale, non sempre di facile consultazione.

La trattazione della morfologia grammaticale rispetto alle precedenti opere di Donato è il frutto di una maggiore riflessione e della necessità di divulgare nella scuola tardo antica un sapere specialistico e allo stesso tempo compromesso dall'avanzata delle lingue romanze. Diomede, infatti, persegue questi obiettivi da un lato rendendo maggiormente complessa l'articolazione dei paragrafi dell'opera che trasuda velleità artistiche, dall'altro amplificando in senso specialistico gli argomenti trattati. La sua finalità esplicita è quella non semplicemente di insegnare a scrivere e parlare, ma di formare competenze linguistiche professionali e di avviare all'arte oratoria.

Questo percorso tra autori e opere, idealmente affrontato nei primi due capitoli di questo lavoro di ricerca, è stato propedeutico all'acquisizione di indispensabili strumenti di codificazione di questo affascinante procedimento didattico che attraversa tutto il medioevo. Come abbiamo finora dimostrato tutti i grammatici latini riservano una parte considerevole delle loro grammatiche alla trattazione dei *vitia elocutionis*; esse non sono semplicemente delle prescrizioni negative per il raggiungimento della precisione linguistica, ma un'eccezionale metodologia didattica per la creazione e la costruzione di competenze linguistiche 'elevate'. Gli allievi, dopo aver appreso nei primi anni del loro percorso scolastico i rudimenti grammaticali e dopo essersi esercitati con la somministrazione di esempi complessi, affrontavano il primo passo verso la Retorica grazie allo studio dei difetti del linguaggio. Tale studio, secondo i *grammatici*, ha un duplice binario: da un lato si procede all'acquisizione di conoscenze linguistiche che emergono dall'analisi e dall'articolazione dei *vitia elocutionis*, dall'altro si migliora pragmaticamente la scrittura e la produzione dei testi orali mediante una specifica forma di apprendimento, quello *per negationem*. I grammatici, illustrando le 'brutture' della scrittura e in che casi l'eccezione è tollerata, trasmettono in forma criptata agli allievi i precetti della precisione grammaticale. L'analisi di questo testo e in particolare la casistica del barbarismo mi ha permesso di far emergere questo sorprendente aspetto cognitivo dell'apprendimento grammaticale che fa sentire moderne le teorie e la produzione testuale del tardo antico.

BIBLIOGRAFIA

Amsler M., *The theory of Latin Etymologia in the Early Middle Ages: from Donatus to Isidore*, Ohio 1976.

Atherton C., *What Every Grammarian Knows?*, "The Classical Quarterly" 46 1 (1996), pp. 239-260.

Auerbach E., *Literatursprache und Publikum in der lateinischen Spätantike und im Mittelalter*, Bern 1958, trad. it., *Lingua letteraria e pubblico nella tarda antichità latina e nel Medioevo*, Milano 1983.

Bajoni M. G., *Les Grammairiens lascifs. La grammaire à la fin de l'Empire romain*, Paris 2008.

Baratin M. e Desbordes F., *La "troisiéme partie" de l'Ars grammatica*, in *The History of Linguistics in the Classical Period*, edited by Taylor D. J., Amsterdam-Philadelphia 1987, pp. 41-66.

Baratin M., in *Lexicon grammaticorum*, Tubingen 1996 s. v. Diomedes.

Baratin M., *Les limites de l'analyse de l'énoncé chez les grammairiens latins*, L'héritage des grammairiens latins de l'Antiquité aux Lumières (Actes du Colloque de Chantilly, 2-4 septembre 1987 Paris), Louvain 1988, pp. 69-80.

Barthes R., *La Rhétorique ancienne*, 1970, trad. it., *La retorica antica*, Milano 2000.

Barwick K., *Probleme der stoischen Sprachlehre und Rhetorik*, Berlino 1957.

Barwick K., *Probleme der stoischen Sprachlehre und Rhetorik*, Berlino 1957.

Barwick K., *Remmius Palaemon und die römische Ars gramatica*, Leipzig 1922.

Barwick K., *Remmius Palaemon und die römische Ars gramatica*, Leipzig 1922.

Biville, *Frédérique, Les emprunts du latin au grec*, voll. II, Louvain-Paris 1990.

Borsellino N. e Pedullà W., *Storia generale della Letteratura italiana*, vol. IV, Milano 2004.

Burghini J. e Meynet B. C., *Casos Equivocos entre Barbarismos y Solecismos: Scala, scopa, Quadriga en Quintiliano, Donato, Diomede, Pompeyo y Consencio*, Relazione al convegno I Jornadas Internacionales de Estudios Clsicos y Medievales 26-28 maggio 2010.

Camporeale S. I., *Lorenzo Valla. Umanesimo, Riforma e Controriforma. Studi e testi*, Roma 2002.

Cervani R., *Considerazioni sulla diffusione dei testi grammaticali. La tradizione di Donato, Prisciano, Papias nei secoli XII-XV*, "Bollettino dell'Istituto Storico Italiano per il Medio Evo e Archivio Muratoriano" 91(1984), pp. 397-421.

Cervani R., *Considerazioni sulla diffusione dei testi grammaticali. La tradizione di Donato, Prisciano, Papias nei secoli XII-XV*, "Bollettino dell'Istituto Storico Italiano per il Medio Evo e Archivio Muratoriano" 91(1984), pp. 397-421.

Charpin F., *Le notion de solécisme chez les grammairiens latins*, in *Varron, Grammaire antique et Stylistique latine*, Paris 1979, pp. 211-216.

Chomsky N., *Aspects of the Theory of Syntax*, Cambridge 1965, trad. it. in *Saggi linguistici*, Torino 1970, pp. 39-258.

Chomsky N., *Language and Problems of Knowledge. The Managua Lectures*, Cambridge 1988.

Ciaffi C., *Emozioni fra pragmatica e psicologia*, in Bazzanella C. e Kobau P., *Passioni, Emozioni, Affetti*, Milano 2002.

Cipriani G., *Sallustio, Servio e I fondamenti del Latino*, in "Atti del primo convegno nazionale sallustiano", L'Aquila 28-29 settembre 2001, pp. 25-42.

Clarke M. L., *Rhetoric at Rome. A Historical Survey*, London 1953.

Clasio L., *Collezione d'opuscoli scientifici e letterarj ed estratti d'opere interessanti*, Firenze 1807.

Coletti M.L., *Il* barbarismus *e il* solecismus *nei commentatori altomedievali di Donato alla luce della tradizione grammaticale greco-latina*, Orpheus 4 (1983), 67-92.

Colson F. H., *M. Fabii Quintiliani Istitutionis oratoriae liber I*, Cambridge 1924.

Colson F. H., *The Grammatical Chapters in Quintilian I. 4-8*, "The Classical Quarterly" VIII 1 (1914), pp. 33-47.

Comenii J. A., *Orbis sensualium pictus: hoc est omnium fondamentalium in mundo rerum et in vita actionum pictura et nomenclatura*, Harenberg 1979.

Copeland R. e Sluiter I., *Medieval Grammar and Rhetoric. Language Arts and Literary Theory, Ad 300-475*, Oxford 2009.

Copeland R. e Sluiter I., *Medieval Grammar and Rhetoric. Language Arts and Literary Theory, Ad 300-475*, Oxford 2009.

Criscuolo U. e De Giovanni L. (a cura di), *Trent'anni di studi sulla Tarda Antichità: bilanci e prospettive. Atti del Convegno Internazionale Napoli 21-23 Novembre 2007*, Napoli 2009.

D'Alessandro P., *Cesio Basso e il de versuum generibus di Diomede*, Trieste 2006.

Dammer R., *Diomedes grammaticus*, Trier 2001.

De Lubac H., *Esegesi medievale. I quattro sensi della scrittura*, Milano 1996.

De Nonno M., De Paolis P. e Holtz L.(a cura di), *Manuscripts and Tradition of Grammatical Texts from Antiquity to the Renaissance*, Cassino 2000.

De Nonno M., *Grammatici, eruditi, scoliasti: testi, contesti, tradizioni*, in Guasti F., *Grammatici latini: teoria ed esegesi*, Pavia 2002, pp. 13-28.

De Nonno M., *Grammatici, eruditi, scoliasti: testi, contesti, tradizioni*, in Guasti F., *Grammatici latini: teoria ed esegesi*, Pavia 2003, pp. 13-28.

De Nonno M., *Le citazioni dei grammatici*, in Cavallo G., Fedeli P. e Giardina A., *Lo spazio letterario di Roma antica*, vol. III, Roma 1999.

De Nonno M., *Le citazioni dei grammatici*, in G. Cavallo, P. Fedeli, A. Giardina, *Lo spazio letterario di Roma antica*, vol. III, Roma 1999.

De Nonno M., *"Pompeo"*, in *Enciclopedia Virgiliana*, IV, Roma 1984, p. 196.

De Nonno M., *"Pompeo"*, in *Enciclopedia Virgiliana*, IV, Roma 1984, p. 196.

De Paolis P., *Explanationes in Donatum (GL IV 486-565) e il loro più antico testimone manoscritto*, in De Nonno M., De Paolis P. e Holtz L.(a cura di), *Manuscripts and Tradition of Grammatical Texts from Antiquity to the Renaissance*, Cassino 2000, pp. 173-221.

Della Casa A., *La grammatica*, in AA.VV., *Introduzione allo studio della cultura classica*, Linguistica e filologia vol. II, Milano 1973, pp. 41-91.

Dionisotti A. C., *On bede, grammars, and greek*, "Revue Bénédictine" 92 (1982), pp. 111-141.

Duca G., *Note al* Commentarius *in* artem Donati *di Servio*, in "Romanobarbarica" 13 (1994-1995), pp. 199-204.

Erlebach P., *Historisches Wörterbuch der Rhetorik*, hrsg. Von Ueding G. *et al.*, Tubinga 1992, coll. 1281-1285, s. v. *Barbarismus*.

Erlebach P., *Historisches Wörterbuch der Rhetorik*, hrsg. Von Ueding G. *et al.*, Tubinga 1992, coll. 1281-1285, s. v. *barbarismus*.

Fera V., *Problemi e percorsi della ricezione umanistica*, in Cavallo G., Fedeli P., Giardina A., *Lo spazio letterario di Roma antica*, vol. III, Roma 1999, pp. 535-538.

Fiocchi L., in *Enciclopedia Virgiliana*, vol. II, Roma 1985, s. v. Diomede.

Flobert P., *La dimension historique chez les grammairiens latins (Donat, Dosithée)*, in AA. VV., *L'héritage des grammairiens latins de l'antiquité aux Lumières. Actes du Colloque de Chantilly*, Louvain 1987, 27-35.

Fritz von K., *Ancient instruction in 'Grammar' according to Quintilian*, "American Journal of Philology" 70 (1949), pp. 337-366.

Gibson M., *Donatus' Grammar L. Holtz: Donat et la tradition de l'enseignement grammatical étude et édition critique*, "The Classical Review" 37 2 (1987), pp. 190-192.

Goetz G. e Schoell F., *M. Terenti Varronis De lingua latina quae supersunt*, Amsterdam 1964.

Graffi G. e Scalise S., *Le lingue e il linguaggio. Introduzione alla linguistica*, Bologna 2003.

Graffi G. e Scalise S., *Le lingue e il linguaggio. Introduzione alla linguistica*, Bologna 2003.

Graffi G., *Fortuna e vicissitudini di concetti grammaticali*, Padova 2004.

Guasti F., *Grammatica e Grammatici latini: teoria ed esegesi. Atti del I Giornata ghisleriana di Filologia classica (Pavia, 5-6 aprile 2001)*, Pavia 2003, pp. 13-28.

Herzog R. e Schmidt P. L., *Handbuch der lateinischen Literatur der Antike, V. Restauration und Erneuerung. Die lateinische Literatur von 284 bis 374 n. Chr.*, Monaco 1989.

Holtz L., *Donat et la tradition de l'enseignement grammatical. Étude sur l'Ars Donati et sa diffusion (IVe-IXe siècle) et édition critique*, Paris 1981.

Holtz L., *Donat et la tradition de l'enseignement grammatical. Étude sur l'Ars Donati et sa diffusion (IVe-IXe siècle) et édition critique*, Paris 1981.

Holtz L., *In artem maiorem Donati commentarium*, Turnhout 1977.

Holtz L., *In artem maiorem Donati commentarium*, Turnhout 1977.

Holtz L., *Tradition et diffusion de l'oeuvre grammaticale de Pompée, commentateur de Donat*, "Revue de Philologie, de Littérature et d'Histoire anciennes" 45 (1971) , pp. 48-83.

Holtz L., *Tradition et diffusion de l'oeuvre grammaticale de Pompée, commentateur de Donat*, "Revue de Philologie, de Littérature et d'Histoire anciennes" 45 (1971) , pp. 48-83.

Kaster R. A., *Guardians of Language: The Grammarian and Society in Late Antiquity*, Berkeley – Los Angeles – London 1988.

Kaster R. A., *The Grammarian's Autority*, "Classical Philology" 75 3 (1980) pp. 216-241.

Knauer G. N., *Die Aeneis und Homer; Studien zur poetischen Technik Vergils mit Listen der Homerzitate in der Aeneis*, Gottingen 1964.

Laeng M., *Nuovi lineamenti di Pedagogia*, Brescia 1992.

Lambert C., *La grammaire latine selon les grammairiens latins du Ive et du Ve siècle*, Parigi 1908.

Lausberg H. , *Elemente der Literarischen Rhetorik*, München 1949, trad. it., *Elementi di retorica*, Bologna 1969.

Lausberg H., *Elemente der Literarischen Rhetorik*, München 1949, trad. it., *Elementi di retorica*, Bologna 1969.

Lausberg H., *Handbuch der literarischen Rhetorik*, München 1960.

Law V., *Grammar and grammarians in the Early Middle Ages,* London and New York 1997.

Law V., *Grammar and grammarians in the Early Middle Ages,* London and New York 1997.

Law V., *Late Latin Grammars in the Early Middle Ages: a Typological History*, in Taylor D. J., *The History of Linguistics in Classical Period*, Amsterdam-Philadelphia 1987, pp. 191-204.

Law V., *Late Latin Grammars in the Early Middle Ages: a Typological History*, in Taylor D. J., *The History of Linguistics in Classical Period*, Amsterdam-Philadelphia 1987, pp. 191-204.

Law V., *The History of linguistics in Europe from Plato to 1600*, Cambridge 2003.

Law V., *The History of linguistics in Europe from Plato to 1600*, Cambridge 2003.

Law V., *The mnemonic structure of ancient grammatical doctrine*, in Swiggers P. and Wouters A., *Ancient Grammar: content and context*, Leuven and Paris 1996, pp. 37-52.

Law V., *The mnemonic structure of ancient grammatical doctrine*, in Swiggers P. and Wouters A., *Ancient Grammar: content and context*, Leuven and Paris 1996, pp. 37-52.

Lindsay W. M., *The Latin Grammarians of the Empire*, "American Journal of Philology" 37 (1916), pp. 31-41.

Löfstedt E., *Syntactica. Studien und Beiträge zur historischen Syntax des Lateins*, 2. Teil, C.W.K.Gleerup, Lund 1956 (= 1933).

Luhtala A., *Early Medieval Grammar*, in Koerner E. F. K. e Asher R. E., *Concise History of the Language Sciences: from the Sumerians to the Cognitivists*, Cambridge 1995, pp. 121-125.

Luhtala A., *Grammar and philosophy in Late Antiquity. A Study of Priscian's Sources*, Amsterdam 2005.

Mähly J., *Donatus und Diomedes*, "Zeitschrift für die österreichischen Gymnasien" 38 (1887), pp. 589-590.

Marazzini C., *Latino e origini della lingua italiana*, in *La cultura italiana*, a cura di Cavalli Sforza L., vol. II, *Lingua e linguaggi*, a cura di Beccaria G. L., Torino 2009, pp. 8-77.

Marazzini C., *Storia della linguistica italiana*, Roma 2010.

Mattarucco G., *Momenti di storia della grammatica*, "Studi di Grammatica Italiana" XIX (2000), pp. 93- 139.

Mazhuga V. I., *Diomède et Charisius sur la norme lexique [sic]*, in *Colloquia classica et indo-europeica*, vol. II, Sankt-Petersburg 2000, pp. 74-87.

Morelli G., *Ricerche sulla tradizione grammaticale latina*, Roma 1970.

Mortara Garavelli B., *Manuale di Retorica*, Milano 1988.

Negri A. M., *Elio Donato Ars grammatica maior*, Reggio Emilia 1960.

Norberg D., *Manuale di latino medievale*, a cura di Oldoni M., Cava de' Tirreni 1999.

Passalacqua M., *Priscian's institutio de nomine et prenomine et verbo in the ninth century*, "Historiographia Linguistica" 20 (1993), pp. 193-204.

Petrone G. e Casamento A., *Studia in Umbria educata. Percorsi della retorica latina in età imperiale*, Palermo 2010.

Pfeiffer R., *History of Classical Scholarship from 1300 to 1850*, Oxford 1976, pp. 124-129.

Pittaluga S., *Scuola ed enciclopedismo nella tarda antichità*, in Pittaluga S., *Scuola e Trasmissione del sapere tra Tarda Antichità e Rinascimento*, Genova 2009, pp. 7-21.

Pugliarello M., *Teoria e prassi dell'*Ars grammatica*: integrazioni di Servio alle Artes di Donato*, in Pittaluga S., *Scuola e Trasmissione del sapere tra Tarda Antichità e Rinascimento*, Genova 2009, pp. 55-66.

Riviere C., *Introduzione all'antropologia*, Bologna 1998.

Robins R. H., *Ancient and Medievial Grammatical Theory in Europe, with particular Reference to Modern Linguistic Doctrine*, Londra 1951.

Roger M., *Ars Malsachani: Traite du Verbe*, Paris 1905.

Roger M., *L'enseignement des lettres classiques d'Ausone à Alcuin*, Paris 1905, pp. 355-363.

Schindel U., *Die lateinischen Figurenlehren des 5. bis 7. Jahrhunderts und Donats Vergilkommentar*, Göttingen 1975.

Schmidt P. L., *Grammatik und Rhetorik*, in Herzog R. und Schmidt P. L., *Handbuch der lateinischen Literatur der Antike*, Munchen 1989.

Seigel J., *Rhetoric and Philosophy in Renaissance Humanism*, Princeton 1968.

Serbat G., *Donat et la tradition de l'enseignement grammatical. A propos de la thèse de Louis Holtz*, "Revue des Études latines" 61 (1983), pp. 56-64.

Tateo F., *Letteratura italiana – dalla Curia di Federico II alla 'repubblica' delle Lettere*, Bari 1999.

Taylor, D. J., *Roman Language Sciences*, in Schmitter, P. (a cura di), *Geschichte der Sprachtheorie*, vol. II, Tübingen1991, pp. 334-352.

Traina A. e Bernardi Perini G., *Propedeutica al latino universitario*, Bologna 1971.

Vainio R., *Use and function of grammatical examples in roman Grammarians*, "Mnemosyne" 53 (2000), pp. 30-48.

Visser L., *Latin Grammatical manuals in the Early Middle Ages: Tradition and Adaptation in the Participle Chapter*, in Matthaios S., Montanari F. e Rengakos A., *Ancient Scholarship and Grammar. Archetypes, Concepts and Contests*, Canada 2011, pp. 375- 404.

Zetzel J. E. G., *Latin Textual Criticism in Antiquity*, New York 1981.

INDICE

Finito di stampare nel mese di aprile 2015
presso Lulu press

www.ingramcontent.com/pod-product-compliance
Lightning Source LLC
Chambersburg PA
CBHW060432290526
45791CB00002B/935